突 破 自 我

——新入职教师的成长力修炼

南 林 著

东北林业大学出版社

Northeast Forestry University Press

·哈尔滨·

图书在版编目（CIP）数据

突破自我：新入职教师的成长力修炼 /南林著. — 哈尔滨：东北林业大学出版社，2021.8

ISBN 978-7-5674-2559-0

Ⅰ.①突… Ⅱ.①南… Ⅲ.①师资培养 Ⅳ.①G451.2

中国版本图书馆CIP数据核字(2021)第177290号

责任编辑：乔鑫鑫

封面设计：刘玉洁

出版发行：东北林业大学出版社

　　　　　（哈尔滨市香坊区哈平六道街6号 邮编：150040）

印　　装：济南文达印务有限公司

开　　本：170 mm×240 mm　16开

印　　张：11.75

字　　数：230千字

版　　次：2021年8月第1版

印　　次：2021年8月第1次印刷

定　　价：58.00元

如发现印装质量问题，请与出版社联系调换。（电话：0451-82113296　82191620）

前　言

　　教师是一个平凡的职业，但又是一个神圣的职业。教师的职责首先是育人，因而教师必须坚守为人师表的基本观念，如平等、真诚、守信、博学、崇德……从这些观念中提炼出自己的职业信条，不断激励自己、修正自己，保持正确的方向，让自己在教育的道路上越走越踏实，越走越宽广。

　　传统教育恪守的职业信条是"传道、授业、解惑"，这些在今天也是适用的，但在现代社会中，人的境遇比之古代更为复杂，教师们遇到的情况也要复杂得多，包括学生、家长、社会，知识的发展，自身的准备等。联合国教科文组织、国际教育发展委员会编著的《学会生存——教育世界的今天和明天》一书中说："从今以后，教育不能再限于那种必须吸收的固定内容，而应被视为一种人类的进程，在这一进程中人通过各种经验学会如何表现他自己，如何和别人进行交流，如何探索世界，而且学会如何继续不断地——自始至终地——完善他自己。"这意味着，随着社会的发展和教育理念的变化，人们对教师的要求大大提高了，不再仅仅是课堂上的授业解惑。教师需要不断学习，不断激励自己，在多方面进行自我提升，才能发展成为学生期望中的优秀教师。

　　随着新课改的进行，教师们已经在理念上适应并接受了教育教学中由知识的传授者转化为促进者、由活动的管理者转化为引导者、由居高临下的权威转化为"平等中的首席"等一系列角色的转换，但在实践中，这是一个逐步探索的过程。一些教师可能会在这个过程中感到茫然，无所适从，在此情况下，我们倡导优秀教师的职业信条，是希望更多的教师能坚定自己的职业选择，坚定自己的教育梦想，坚持自己为教育事业的奉献精神。

　　教师的专业成长是成为一名"好老师"题中应有之义。提高自己的成长力，把成长作为一种生活方式，应该成为每一位教师的自觉行为。教师的成长需要教育行政部门、学校创造良好的条件，也需要教师自己强烈的成长意识。

把成长作为自己的"文化自觉"，不能坐而论道，需要教师积极行动起来！

　　作为一名教育工作者，笔者长期从事教育教学的管理和研究工作，积累了大量的实践经验，又通过进修、培训、自学等方式，掌握了一定的理论知识，于是就尝试着结合真实鲜活的案例，把自己的思想和做法记录下来，使有志于教育事业的各位同仁得到借鉴，哪怕只有一点可取之处，我心足矣。另外，由于自身水平有限，虽然尽心竭力，难免有不足之处，恳请读者批评指正。

著　者

2021 年 6 月

目　录

第一篇　追寻专业之路——教师职业规划

第二篇　引领教师成长——校长的管理智慧

第三篇　问道教学研究——让教师更有"研究味"

第四篇　梳理治校方略——学校发展路在何方

第一篇 追寻专业之路
——教师职业规划

教师成长的三个努力方向

今天的教师面临着越来越多的挑战，只有坚持终身修炼，才能更好地做一名符合时代要求的教师。

◎ 成为名副其实的文化人

今天的教师还能称得上是一个文化人吗？这真的是一个问题。重庆《今日教育》杂志 2013 年第 9 期的卷首语中，把"重塑作为文化人的教师"作为第 29 个教师节的献辞，是非常有意义的。这篇文章提到重塑教师的文化人形象，或许能改变社会对教师的刻板印象，走出专业成长的困境，享受师者独有的幸福。我国著名特级教师于永正在最新出版的《做一个学生喜欢的教师 —— 我的为师之道》一书中指出，做教师的应该有文化，应该成为"文化人"。他认为，一个教师能否在学校、在学生中站住脚，能否在教育教学中取得好成绩，成为学生喜欢的教师，最终取决于他的文化。于永正教师，这位小学语文界的教坛常青树，对教师应该成为"文化人"的感悟，是他的肺腑之言。

教师应该成为文化的传播者，而不仅仅是知识的传授者。日本的斋藤孝教授在《教育力》一书中指出，学校的课程就是一种文化遗产，"传承文化遗产的能力"是教师的一项重要教育力。

现在，传统文化越来越受到重视。2014 年 3 月，教育部专门印发了《完善中华优秀传统文化教育指导纲要》。在这样的背景下，学校需要承担加强对学生传统文化教育的重任。而当下教师中真正懂得传统文化的人并不多，很多教师需要补上传统文化这一课。《光明日报》也以"中小学缺少教传统文化的人"为题进行过报道。其实，教师对古今中外的文化都应该有所涉猎，这样才能对整个人类文明有更好的认识，站在更高的高度来做优秀文化的传递者。

自己离文化人有多远？这个问题值得每一位教师思考！

◎ 成为儿童研究的践行者

现在，很多教师有"学生越来越难教"的感慨。这个"难"，不是体现在学科教学上。现在教师的整体知识水平在提升，在一些地方，硕士研究生毕业当小学教师也不是新闻了。这个"难"，就难在如何管理好学生，如何激发学生的学习积极性，如何让学生拥有积极向上的一面等方面，这些其实都属于德育工作的范畴。

尽管目前对教师的考核主要是教学业绩，但是做好德育工作，往往能促进教学工作。如果教师的德育工作不到位，往往会影响教学工作。提高教师的德育水平，可以实现"德育为先"和"教学第一"的双赢。

党的十八大明确提出"立德树人"是教育的根本任务，这对学校的德育工作和教师的德育能力提出了更高的要求。"育人为本"要从研究学生做起，每位教师要成为真正的儿童研究者。成尚荣老先生认为，儿童研究应该成为教师的新基本功，应该成为教师的第一职业。这是值得我们每一位教师思考的。

◎ 成为课程的开发建设者

《中国教育报》2014 年 3 月改版，把"教师周刊"改为"课程周刊"。这是一种引领，就是要唤醒教师的课程意识。

教师应把教学作为自己的天职，用心经营自己的课堂教学，并积极开发课程资源，成为学科建设者和课程领导者。

在中国香港，教师要成为课程领导者几乎就是一种常识。华东师范大学出版社 2013 年 11 月出版的由教育工作者黄笑冰撰写的《从新手教师到课程领导者》一书，被《中国教育报》评为"2013 年教师喜爱的 100 本书"之一。在这本书中提到的"课程领导者"，并不仅仅是我们通常说的校长或者分管教学的副校长，他们的课程领导者有各个层面，学校的备课组长也可以是课程领导者。可见，提高课程的领导能力应该成为教师的一种追求。

因此，教师不仅仅要立足教学，更要有课程的意识，努力提高课程的领导水平。从这一点来说，我们教师还需进一步更新教育观念，提高课程资源的开发意识和能力，具有承担选修课程或者开发校本课程的能力。

进德修业是教师一辈子的事情。以上三个方面，应该成为一个心中有梦的教师的终身修为。

找准自身的教育人生"线路图"

◎ 正视教师职业生涯规划的意义

近年来，我国高校开始重视对学生的职业生涯规划教育，以提高高校毕业生的就业竞争力。其实，教师同样需要规划好自己的教育生涯。大学生的职业生涯规划教育属于职前规划，而教师的职业规划则是立足于岗位基础之上的，更具针对性和现实性。通过制定职业生涯规划，教师可以更加清楚自己的职业生涯目标，激发自己的专业发展动力，改进工作的方法和策略，提高自身的专业发展水平。

现在，有些地方的教育行政部门在教师专业发展培训中，明确要求教师要制定个人专业发展规划，并纳入学校的相关考核中。不过，在现实中，不少教师的职业发展规划处于"被订制"状态。很多负责教师培训的教师都有这样的感觉，不少教师上交的发展规划有明显的"拿来"痕迹，是应付性质的，不是真正意义上的"私人订制"。而上级相关部门对学校的考核也只是检查教师有没有制定发展规划，只要有就行。如此一来，本来是一项有利于促进教师专业发展的好做法就被形式化了。

◎ 认准教师成长的关键节点

正如国家有教育的发展规划、学校有学校的发展规划一样，教师个人也应该有自身的发展规划。目前，教师所制定的专业发展规划，一般都是五年之内的，这与相关部门对教师培训以五年为一个周期是一致的。当然，五年是对教师一个阶段的总体规划，一般都会细化到学年或者学期。不过，教师最好要有长远思考的意识，对自己究竟想成为什么样的人有一个大致的预期。比如自己到四十岁的时候会有一个什么样的状态，为了实现这样的目标，从现在开始可以做些什么准备。对自己的终极目标有了一个整体认知后，再制定专业发展目标自然胸中有丘壑了。

教师在制定专业发展规划时，要根据学校的发展情况和自身的实际，在对自我的发展现状、优势和劣势进行分析后，提出有针对性的目标和努力方向。教师制定专业发展规划，不能为了制定规划而制定规划，而是要把它作为自己的行动指南。对于发展规划，实施过程中可根据实际情况进行必要的调整。

教师应该对其专业发展的特点有所认识，并对职业生涯的各个阶段有所了解，每个阶段都有对自己的要求。从教师专业发展的过程来看，教师在各个阶段都有不同的发展特点，了解各个阶段的特点，可以让自己更有方向感、更有目标感。比如教师有新手教师、胜任教师、熟练教师、专家教师等发展阶段，在教师岗位工作 5～6 年之后，会有一个转折期。一般来说，教师在这个阶段进入了熟练教师的行列。这一阶段的教师处于教师专业发展的中间阶段，也处于教师专业发展的关键阶段。这一时期，教师会面临一个专业发展的高原期。如果教师很好地跨越了高原期，就能在业务上不断精进，最终成长为专家型教师。而有的教师随着生活各方面的稳定，会满足于胜任教学工作，往往就会停滞不前，整个职业生涯就停留于这个阶段的水平了。

对于教师的职业生涯规划而言，最重要的是如何从业务熟练向更高境界发展。如果教师成功地从业务熟练的安逸中走出来，在专业上进一步发展，则能拥有更加美好的职业人生。

因此，认真制定自身的职业规划，能让处于不同发展阶段的教师更客观、理性地找到自己应该努力的方向。

◎ 提高职业生涯规划实效的举措

教师的五年专业发展规划相当于教师对个人发展的一个顶层设计，规规划了自己这五年的发展方向。年度规划则是落实顶层设计的具体内容，是顶层设计的具体化。教师经常对照自己的发展规划书，看看自己有没有按照自己的既定路线前进，这是一种自我督查。明确职业生涯规划，可以让教师从教育人生的高度来看待自己的职业生涯，可以让教师在不同的阶段都有各自的追求。

比如教师明确自己在学习、教学、德育等方面的成长目标，以及所采取的具体措施，通过对照自己的专业发展规划，检视自己在专业发展路上的行进步伐，就能让自己更有方向感。心中有目标的教师，自然会在目标的指引下加快成长的步伐。

教师制定职业生涯发展规划，就是在勾勒自己教育人生的蓝图，做到仰望星空和脚踏实地的结合。

一个有心成长的教师，要找准自己职业生涯的导航图，让自己沿着正确的航向前进，这样才能进一步提高自己抗"击打"的能力，更好地行进在专业成长的康庄大道上。

如何成为有教育思想的教师

全国著名特级教师高万祥说，一个人的全部尊严在于思想。对于教师而言，赢得自身的职业尊严，其教育思想应该是一个重要的考量指标。但是在现实中，很少有教师敢宣称自己是一个有教育思想的人。那么，如何才能成为一个有教育思想的教师呢？这是一个很值得我们思考的话题。

◎ 教育思想是否真的高不可攀

事实上，教育思想并不神秘。很多教师在写文章时，经常引用苏霍姆林斯基的名言。苏霍姆林斯基有一句非常经典的话："校长的领导，首先是教育思想的领导，然后才是行政的领导。"可见，一个合格的校长，必须能在教育思想上领导教师。

◎ 教师如何真正拥有教育思想

当然，形成先进的教育思想并不容易。要改变一个人的观念是很不容易的，如果自身没有主动更新的意识，旧的观念就会顽固地存在下去。中国教育学会名誉会长顾明远教授曾多次指出，现在很多教育人的观念是滞后于教育发展需求的。因此，要形成先进的教育思想，教师需要付出更多的努力。

教师的教育思想从哪里来？从自己的实践中来，从学习中来，从学习和实践的有机结合中来。做一个有先进教育思想的教师，应该成为一个有追求的教师的努力方向。

《人民教育》2015 年第 3 期刊登了"教学主张"专辑，对教学主张在教师成长中的积极意义做了全方位的阐述。福建师范大学余文森教授认为，教学主张是教师的教学思想、教学信念。其实，教师可以有教学思想，同样可以有教育思想，只不过教育思想的内涵更丰富些。教师的思想来自思考，优秀教师在教育教学实践中都会自觉不自觉地对相关问题进行思考，并在此基础上产生或形成对教育教学问题的一些看法和观点。毫无疑问，这些思考中不乏有价值的见解，但总体而言，是不够系统、不够清晰的。只有经过理性加工和自我孵化，教师的教育思考才能上升到教育思想。

教育思想是教师对教育问题的系统的、深刻的、清晰的思考和见解，它具有稳定性和统领性。从这个意义上来说，教师拥有教育思想对自身的成长非常重要，是教师走向卓越的重要环节，需要教师在日常的学习和实践中不断修炼。当然，有一点必须要引起注意，那就是真正内化的教育思想才真正有意义，否则只是写在纸上的思想、嘴上说的思想，而不是真正属于自己的教育思想。如果学校能在这方面做出必要的引领，会对教师形成自己的教育思想起到推动作用。

教师如何提升自身的职业素养

教师作为职业人，应该具有一定的职业素养，这样能更好地扮演好自身的职业形象。教师应把提升自身的职业素养作为一项必修课，在教育教学工作实践中不断地加强修炼。

◎ 正确定位自己的职业理想

近年来，《你在为谁工作》《不要只为薪水工作》等书非常畅销。这些书对调节人们的心态、激发他们的工作热情很有帮助。其实，对于教师而言，"为谁工作"的问题同样值得追问。教师对这个问题认识到位了，就能更安心地工作，并在平凡的工作岗位上成就自己的职业人生。

"忠诚于党的教育事业""为人民群众提供优质的教育服务"，这些话我们并不陌生，"为国家""为学校""为学生"做教师，这都没错。不过为他人做事情，往往会产生应付心态，甚至会产生倦怠心理。其实，每位教师都应该树立这样的观念：教师首先是为自己做教师。

教师职业首先是谋生的工具，是一个饭碗，这是无须回避的。每个人都需要通过工作来安身立命，养家糊口。在这一点上，教师职业和其他职业并没有什么本质的区别。但一旦端上教师这个饭碗，就得遵循这一行的基本规范。今天，教师职业的"铁饭碗"早已被打破，要把教师这个饭碗端稳也不容易。山东知名校长张广利在其《教育是明天》一书中提出"就怕不把教师职业当饭碗"，这种来自一线校长的观点很值得我们思考。今后，教师资格的准入门槛将变高，从 2015 年开始，师范院校的毕业生不再有直接获得教师资格的"特权"，教师资格五年一注册的机制也将正式建立，教师资格一朝拥有就终身有效的规定将正式终结。

如果教师能从教育人生的角度来经营自己的教师生涯，就能在平凡的教育教学工作中得到更多的快乐，提升自身的生命品质。做自己喜欢的事，自然能减少牢骚和抱怨。为自己做事，多付出一些也不会有什么怨言。不管教师最初从事教育的动机如何，一旦做了教师，就应该做好自己的事情。为自己做教师，和为学校、为学生、为国家做教师并不矛盾。为自己做教师，让自己在谋生的同时享受职业之乐，这是一种很不错的状态。

今天的教师面临着越来越多的挑战，有很多新知识和新技能需要学习，有很多新问题需要面对和解决。如果教师把这些作为促进自身成长的历练，自然不会有牢骚和抱怨，而会积极地去应对。

为自己做教师，当然也要遵循教师职业道德规范，不逾越底线。为自己做教师做得越好，越能够实现发展自我和服务学校、服务学生、服务家长、服务社会、服务国家的多赢。

无论是把教师视为职业、事业还是志业，我们都应该有为自己做教师的信念。有了这样的信念，我们会在教师职业生涯中走得更远，收获更多。

◎ 培养自身的核心竞争力

2013 年教师节期间，《中国教育报》在教师节评论中把"令人折服的专业能力"放在教师榜样的首位，这无疑释放出一个强烈的信号。我们离拥有"令人折服的专业能力"还有多远呢？见贤思齐，我们在这个方面需要进行怎样的修炼呢？

经常有人对比医生和教师的专业化程度，并得出教师不如医生的结论。的确，在专业化程度上，教师相比医生有很大的差距。比如，医生对病人该用什么药、用多少药量心中是有谱的，不会说药吃越多越有效；而我们有不少教师为获取教学业绩，往往依靠加班加点，多布置作业，靠汗水加泪水来取得。这样的教学业绩的取得是建立在占用学生大量时间基础上的，说得严重些是对学生的一种侵权。北京市第十一中学原校长李希贵就明确地把教师这样的行为视为教育失败。只是很多人都没有意识到这一点，反而把这样的教师视为具有奉献精神的"老黄牛"，并给予"师德楷模"的美誉。在当下的绝大多数学校里，学生对教师没有选样权，他们心里虽有不满，但也只能以适应教师来自我调节。

那么，教师能拥有自己的绝活吗？比如上课很受学生欢迎，学生负担不重，但学习成绩不错；比如班主任工作水平高，能对乱班"拨乱反正"，成为学校领导心目中的"英雄人物"；或者有自己的其他特长，能带课外兴趣小组，带领学生获取各种奖项，为学校争光。事实上，教师一旦有了自己的"绝活"，自然能赢得领导和同事的尊重，自己也能更好地享受工作之乐。

如果一名教师离开一所学校，其他人会觉得少了点什么，这就说明他有了不可替代性。

练就自己的绝活，成为稀缺资源，让自己具有不可替代性。这样的教师自然能更自在，更能赢得尊重，更能实现自己的价值。

◎ 成为智慧型服务的提供者

2012 年 9 月，以《班主任兵法》系列闻名的新生代优秀班主任万纬撰写了《用服务的态度做教师》，书中的观点发人深省。作者认为，激情和智慧是教师至关重要的两项品质，但很难从别人那里学到。只有一点谁都可以做到，那就是踏踏实实、认认真真地秉承着一种为他人服务的态度来做教育。

他认为，教师的服务对象包括学生、家长、社会和自己。让自己的服务对象感到满意，应该是教师的价值所在。如果教师有了这样的想法，自然就会在提高服务的质量上下功夫。

教师提供的是一种智慧型服务，是一种有专业含量的服务，是引导学生走上正确人生道路的服务。这样的服务并不是人人可为的，恰恰是教师职业的价值和魅力所在。

随着家长整体受教育程度的提高，他们对教育的认识更加深入，对孩子的教育要求也更加多元化。这些都对教师提出了更高的要求。为提供优质教育服务奠定扎实的基础，应该成为新时期教师提高自身专业水平的出发点。

促进教师专业成长，追求高效快乐课堂

◎ 立足实际，多举措引领教师专业成长

1. 以读书为手段，实现对教师的专业引领

培养教师就像培育庄稼，学校启动了智慧读书行动，引领教师与书籍为伴，握手经典与大师对话，涵养学识。我们认为，"学习、读书是给教师最大的福利。"在教师中大力倡导读书活动，让读书成为每个人的习惯。我们明确了阅读要求：一要多读教育理论专著和教育期刊，提升教育理论修养，指导教育教学行为；二要多读经典著作，改变人生态度，提升精神境界。我们开放阅读视角：学校每年订阅几十种教育专业刊物，同时学校免费为每位教师订阅两本本学科的专业期刊。随着读书行动的深入展开，学校提出了"读教结合，读研结合"的学习策略，把读书、教学、教研融为一体，引导教师学习理论，研究方法，优化课堂，解决教学问题。同时，为了增强实效性，要求教师养成不动笔墨不读书的习惯，及时摘记和撰写感悟，做到读思结合，同时开展读书演讲比赛以激励教师。付出必有回报，在全县教师读书比赛中，

劳店中学选手获得了理论测试与现场竞答双第一。

2. 实施"青蓝"工程，壮大骨干教师队伍

丰富的教学经验具有传承性，开展师带徒结队活动，一方面有利于提高骨干教师的成就感，激发其工作热情；另一方面有利于缩短新教师的成长周期，在最短时间内得到提高。学校充分利用本土资源，发挥骨干教师作用，先后开展了教师结对帮扶活动、名师讲座、教学示范等活动，发挥本校名师、教学能手、学科带头人的带动作用，让教师们认识到名师离我们并不远，通过自己的努力也可以成为名师，从而增强教师的进取意识。有针对性地让校内名优教师谈经验体会，做专题讲座、上观摩课等形式对教师施"操作之肥"，让教师在与名优教师的面对面交流、零距离接触中，不断开阔视野，拓展思路，积淀素养，学有所获，从而静听教师团队成长的拔节声。

3. 请进走出，观摩名师教学，丰厚教师的专业底蕴

一个人能走多远，要看他有谁同行；一个人有多优秀，要看他有谁指点；一个人有多成功，要看他有谁相伴。为了让学校的教师有更多的学习机会，我们依托"山东省普通中小学 1751 改革创新工程"项目学校的背景，先后选派了 50 余人次远赴青岛育才中学挂职培训，培训教师采取"一对一"帮扶模式，通过观摩课堂教学、参加教研活动等方式，促进自身专业素养的提升。与此同时，在省市县举办的优质课评选中，我们也积极选派教师参加观摩活动，让我们的教师走近名师，丰盈自己的教育人生。

4. 实施"草根课题"研究，促进教师专业成长

我们重视国家、省市重点规划课题的研究申报工作，更看重来自教学一线的个人课题研究，即"草根课题"的研究。它存活于教师日复一日的工作生活中，没有固定模式，没有强制规程，人人都可以研究，时时都可以开展，处处都可以进行，在兴趣中生根，在实践中开花，在过程中结果。其研究课题来源于教师本人在教学过程中遇到的盲点、热点、难点、疑点问题，研究过程中的每一个环节都是以教师本人为主体，浸润其间的是教师的智慧、认知、经验。我们鼓励这样的研究，教师们把自己的智慧、认知、经验通过自己的行动研究给予凸显，积淀越发厚重，囤量越发增长，从而促进了教师专业发展水平的大幅度提升。我们每年都会组织申报很多项的"草根课题"，

宽立项，重过程，求实效。很多教师就是在这些切近的"草根课题"中，锻炼了教科研能力，养成了勤于学习、善于积累的良好习惯，也促进了自身的专业成长。

◎ 扎实推进课堂教学改革，构建高效快乐课堂

1. 学校课堂教学模式的构建历史及解读

学校的课堂教学模式构建有其深刻的渊源。学校在学习借鉴杜郎口中学、滨州清怡中学学案导学的基础上，结合学校实际，提出了"自主—互助—开放"式教学模式。这一模式历经几年的实践，开始趋于成熟。2012 年开学伊始，我校领导班子将课改作为学校工作的重中之重，结合学校实际，由教导处负责，汇集各学科教研组长和教师代表的意见、建议，形成了新学年的《课改实施意见》，我们课改的指导思想是：以培养学生的学习品质，特别是学生终身学习的愿望与能力为核心，坚持以人为本，关注师生的共同成长与发展，努力开创课堂教学的新局面。

借此机会，对我校的课改模式做一个简单的介绍：自主，是指文本由学生自己解读体悟，问题由学生自己解决，概念由学生自己归纳总结，方法由学生自主探究，规律由学生自己探索应用，实验由学生自己设计操作，作业由学生自主选择。

互助，即合作学习，是基于小组内外互动的"学生问学生、学生教学生、学生帮学生、学生检查学生、学生影响学生、学生引领学生"。互助的意义不仅是学习上的互相帮助、共享共赢，更重要的是个性的张扬互补和人格上的相互影响及共同发展。互助主要表现在学生与学生合作、教师与学生合作。教师在合作学习中，引导学生之间相互提问、指导、检查、启发、鼓励、监督，总体实施"兵教兵""兵练兵"的教学策略，展开和谐竞争、互动合作；教师在合作学习中，既是导演，又是演员，还可能是编剧或评论员。完全平等、民主教学关系基础上的课堂，极大地激发师生教学相长、和谐奋进。

开放，就是要做到"解放孩子的思想，让他们去想；解放孩子的嘴，让他们去说；解放孩子的手，让他们去做；解放孩子的时间、空间"。回归到

学习的本原，强调学习的过程，解放学生的思维，尊重学生的选择，体现学生的价值。

2. 学校的课改进展情况

（1）我们倡导全体教师要"人人参与课改、人人能上课改课"，全力推动课改常态化，坚持推门听课制度。每位领导分包一个学科，年级主任是本年级的课改第一责任人，深入课堂听课、评课，督促并支持课堂教学模式的有效落实，同时收集掌握课改进展的第一手资料，听取并协商解决大家所遇到的困难和问题。

（2）立足课堂，重视历练课堂。开学初，我们就把课堂作为新课改的主阵地，开展了推门听课、"4211"观课议课、上回头课活动，在听课上造势，让教师们对自己的课堂高度重视，精心设计，精心组织。"磨课"已经成为教师们的一种习惯，打磨课堂，历练自己。

（3）为突出课改的模范带头作用，我们在上学期末举行了学校的优质课比赛活动，在学科教研组组织，每个学科在第一轮听课的基础上，选出优秀的教师代表本学科组参赛。同科教师参加听课，并从教学环节、细节、效果等方面展开评议，交流思想，反思问题，教学相长。

（4）打造务实高效的教研活动。教研活动是推进新课改一个很重要的载体。我们要求教研组周周有计划，次次有主题，确定中心发言人，内容不求多，而求精。重点围绕课堂教学，各抒己见，集思广益，求同，更求异。

（5）加强集体备课。集体备课是学校沿袭下来的良好传统，目的是使同学科教师发挥集体优势，达成资源共享。每人分备一个单元，提前拿出教案，然后大家商讨、切磋，添加个性化的内容。由于夯实了备课这一环节，保证了课堂 45 分钟的质量。

3. 新课改取得的成效

显性成效：学校的新课改乘借着"山东省普通中小学 1751 改革创新工程"项目以及阳信县课改示范校的东风，在新课改道路上，有了自己的探索，并取得了一定的成绩。我校获得了滨州市教科研先进单位、阳信县课堂教学改革先进学校荣誉称号。新课改的实施，带来了教师们教学理念的转变，提升了教师们的课堂教学水平，在本学期陆续开展的初中学科优质课评选中，我校化学、数学、地理、政治、体育健康等学科，均取得了优异成绩。其中体育健康、化学两学科教师将代表我县参加滨州市优质课的评选。

隐性成效：我们欣喜地看到，我校推进课改模式以来，我们的课堂在变化，我们的教师和学生也在变化。教师课堂教学的形式越来越多、越来越活；个人素质和业务能力在一点点地提高；学生的学习方式、学习态度、学习习惯也在改变，参与学习的积极性、主动性正在一点点加强，民主、平等、和谐的师生关系正在形成。这是我们继续推进新课改的宝贵经验，也坚定了我们的信心。

4. 存在的问题

课堂教学改革的初衷是要给教学带来生机和活力。就我们现在的教学来看，教师的教学观念正在逐步更新，学生的学习方式正在得到改变，课堂逐渐有了学生成长的气息。但问题依然存在，主要表现在以下几个方面：

（1）在自主、合作、探究的"热闹"背后，透露出浮躁和形式化倾向，学生内在的情感和思维并没有真正被激活，教学观念的切实转变依然是当务之急。

（2）新的教学观念尚未深入人心，课堂教学中不同程度地存在着以教为本的现象，教师在教学过程中仍有支配、控制学生的做法，课堂教学过程中出现的变化很多还是在旧的教学框架下发生的，形式多于实质。这说明教师的教学观念的改革还不够到位，构建新的课堂教学体系任务还很艰巨。

（3）课程改革的意识还不够深入，无法创造性地使用新教材。新课程改革实验在课程设置、教学内容、教材编排等方面给了教师广阔的创造空间。部分教师对如何创造性地使用教材感到茫然，"学案""讲学稿"的教学设计中出现生搬硬套的倾向，缺乏个性化的设计。教学方案设计应有"弹性"，为学生"生成性资源"的重组留有足够的空间。

（4）课堂教学的评价还需进一步完善。教学实践中，赏识、表扬作为一种最易于使用的激励方法，受到教师们的重视，而对批评这一基本教育方法采取非常慎重的态度。其实，在教学中，教师要善于发现学生的思维闪光点，给予及时、适当的肯定和激励，让学生的积极性得以发挥，一味批评或赏识都不利于学生健康成长。不论是采取何种评价，都要注意了解学生的内心体验，把握一定分寸，使评价符合实际。

（5）备课组、学科组对课堂教学的展示组织流于形式，学科教学中课堂教学有价值的实践成果的交流没有得到体现。部分中年教师对课堂教学的改革，虽有一定的认识，但还不愿跳出原有的教学方法、手段，认为成绩就是改革的意识还很浓厚，对青年教师的课堂教学改革表现得冷漠，缺乏共同交流提高的意识。中老年教师的课堂教学改革应成为我们今后的方向。

5. 教学反思

我们所做的只是一些具体的工作，尚缺少实际操作的经验与理论支撑，属于"摸着石头过河"，在实施中还有不少的问题和困惑。例如：学生的自学能力不够强，各学科该怎样设置预习才能使课堂更精彩、更有效？如何把握学生自主学习与教师精讲的平衡点？怎样提高在各教学环节的参与价值？我们这样课改，能保证学生的成绩吗？这是我们下一步需要重点思索并通过实践验证的问题。

促进教师专业化成长三要素：
"读书＋思考＋实践"

◎ 善读书，是教师专业化成长的起点

教师是职业读书人，是终生学习者，应无条件地创造读书、热爱读书。

古人云：腹有诗书气自华。直至今日，这句话的内涵得以映射，给我留下了最深刻的印象，并在我脑海中掀起了一股最强烈的风暴，它卷走了我曾有的那种惰性和厌倦，让我无条件地有一种读书学习的冲动，迫切地想拥有一颗捧着书本的心，去知识的空间漫步，去思考、去找寻自己的提升点。

这种强烈的求知欲，得益于一位著名专家的引领，她是教育专家、特级教师，现任清华大学附属小学校长兼书记，兼任北京中央商务区实验小学校长，这就是来自东北农村的教育家 —— 窦桂梅老师。

优雅的气质，极具表演力、感染力的表达，略有夸张的体态语言，无不让人体验到窦桂梅教师身上那种母语的内在之美，她不但让听者感受到语文的那种趣味和魅力，更让自己成为讲台上一道无法复制的风景线。窦教师身上那种对学习的执着，有点咄咄逼人的味道，却让我们非常钦佩，那种时时刻刻处于"自我更新"的积极状态，更让我们深深叹服。

凡有所得，必成学问。在窦教师看来，逼着自己养成读书习惯，实为一件快事、幸事。好的习惯需要重复练习方能形成，借用薛瑞平教师的一句话："恋爱的人总有时间拥抱，想读书的人永远都有时间。"的确，自己每天抢一点、占一点、挤一点时间去读书，实不为过。逐步形成读书习惯后，手边没有书的日子，反而会觉得分外空寂。从一名普通教师成长为清华附属小学校长，在窦教师心中，读书演变成许多美好的事物：读书，是学校最重要的价值观；读书，是对学校教职工一种最有意义的福利；读书，是最好的精神化妆品；读书，是保养，不是治病。

人生路上，每个人都会经历角色的转变，更会有太多从来没有经历过、没有学习过的事情要去面对，到那时，读书不再仅仅是个人意义上的爱好，而是带有责任、有所担当的阅读。因为，你也许会因为阅读而改变自己的航向，做出自己的决策。

窦教师的报告，使我内心的思想产生转变，我想坐着读书，坐是思考的姿态，依靠它，我会学着在未知的领域里获得宝贵的经验；我又想走着读书，这代表行动与实践，不论印证，还是比照，都会为我提供一面照出自己的镜子，一条坦途之外的小径。

我们不是不合格才需要学习，而是因为要思考、要成长、要发展才学习的。在信息时代的今天，传统地再送给学生"一桶水"是远远不够的，应该开凿一眼清泉，有了源头活水，才能真正做一名让学生满意的教师！毋庸置疑，读书学习是找寻"活水"源泉的捷径，它不仅会决定个人的修养和境界，甚至会关系民族的素质和力量，从而影响国家的前途和命运。让我们行动起来，畅游书的海洋，在工作中读书，在读书状态下工作。

◎ 会思考，是教师专业化成长的捷径

教师是思想者，要精神独立，要善于反思；要有虚怀若谷的情怀，去包容学生的思想；要拥有技巧，善于开启心灵头脑，开辟优秀思想。

我们有幸结识了一位教育管理专家，并且大有对他的思想听知恨晚之感，他就是王建宗，中国教育学会中小学整体改革专业委员会主任、北京师范大学教育管理学院兼职教授、国家教育行政学院兼职教授、北京市十四中校长，著名的教育管理专家、教育理论家。

果不其然，王校长一讲话，其分量便可见一斑。从"优秀校长的发展策略""校长的知识储备"，到"学校德育三重境"，再到《人的教育生态》，仅用短短的几个小时，王校长便给在座的每一位教师指出了一条科学的专业发展之路，他带给我们的，不仅是高深的教育理论，更可贵的是，他教会我们如何运用专业性思考联系工作实际，更以自身实例的分析讲解，告诉我们如何持续提升我们自身的专业思维品质。

王校长担任过 5 所学校的校长，涉及幼、小、初、高各个年龄段的学生，结合自己的经历，5 个幸福的回望，描述了名校长成长的外延内涵：垂范—情感—思想。垂范就是勤恳，身先士卒；情感就是爱，爱岗位、爱工作、爱事业；思想就是成为名校长的标志，必须是一个有思想的人。光有垂范和情感成为不了名校长，只能说是一个好校长，名校长要有理念、有追求、有思想。王校长给出了三组不同类型校长的外显描述：事物—项目—系统；规范—特色—品牌；称职—胜任—卓越。普通校长做事务，优秀校长做项目，名校长做系统；普通校长讲规范，优秀校长做特色，名校长做品牌。他也给出了不同类型校长的内显描述：智慧—思路—理念；经验—观点—学养。这些经典概括对我们有很大的启示，我们可以对号入座，从内外显上看我们在什么层次，前进的方向在哪儿。

在王校长的思维体系中，办学是管理科学，属于教育行政；育人是教育科学，须符合教育规律，就是说校长要有两大本事，懂管理、懂业务。行政线上做好六个字：人、财、物、时、空、信。业务线上做好五个字：德、智、

体、美、劳。办学他论述了两大原则：一是对内激活，对外凝聚；二是强化核心能力，统领全面发展，讲得非常朴实，非常有借鉴意义，非常有启示性。

王校长的报告让我们感悟很深，我们深知，学校育人的核心不再是单方面追求高分质量，而是促进人的全面发展，包含生理性、心理性、社会性，而现在的学校育人大多片面，不管学生的生理和心理成长，不符合教育的基本规律。当然，育人要通过科研兴教、兴校，从"小"着力，从"小"起步；要尊崇人本科学，面向社会育人。

◎ 懂实践，是教师专业化成长的呈现

懂，即用心。教师要有教育家的理想和抱负，要面向全体，有教无类；要遵循职业法典，恪守职业准则；要弘扬职业道义，并敢于对实践过程提出质疑与反思；要敢于赢取他人的尊敬和信仰，树立自身的权威性和不可代替性，成为有独立风格和个性魅力的智者。

教育需要"用力"，更需要"用心"。用心与用力不一样，用心就要把教育工作看成自己生活的一部分，不断地想着它、念着它、琢磨它、感悟它、享受它。

——张思明

作为开场报告，张思明老师只讲了两个小时，看似很短暂，却给我们留下了深刻的印象。课下之余，怀揣意犹未尽的情感和强烈的求知欲望，我迫切想要更深层次地了解这位当代教育家是如何实践自己的教育理想的。

张思明是一个勤奋的人。他说："自己的智商并不高，之所以有一点成绩，靠的就是克服惰性"。张思明是一个用心做教育的人，他主张教师要有创造性思维，要敢于打破常规，要善于启发学生的兴趣，要注重引导学生自主探索。张思明是一个懂感情的人，在他看来，只有倾注真实情感的教育，才会收到良好的效果。他说，教师传授的知识可能很快被遗忘，但教师做人、做事的态度，教师的人格却常常对学生产生深远持久的影响。他很少用语言告诉学生应该怎样做、不应该怎样做，而是力求用自己的行动，让学生悟出做人和治学的道理。张思明是一位爱国的学者，一谈教育，他就会谈到国家、民族，谈到社会责任感，他说这是对学生的大爱，是教师的大德。他告诉学生：

一群优秀的教师＋一群优秀的学生＝一个不可战胜的民族。

我想，一个教师成熟的标志，那便是形成自己理想的教学风格，而张思明老师展现给我们的风格就是：不满足于学习借鉴前人的经验，而是追求导学探索、自主解决，善于调动学生学习方面的内动力。他主张教育应着重培养学生的观察力和提出问题的能力，而不要急于将知识强加在学生头上。他追求不留痕迹的教育，他坚持力求用自己的行动，让学生悟出做人和治学的道理。

在平时的教育教学工作中，我们似乎忽视了对学生内动力的培养，忽视了对学生广泛的学科能力和全面的学科文化素养的养成。的确，真正有了"内动力"，惰性这一影响年轻人成长的最大障碍才会被清除，才能改变自己。因此，我们需要"用心做教育"，必须要让学科回归生活，让学生了解其源和流，要让学生感觉其可亲、可用。

现代教育的迅猛发展对我们教师队伍提出了越来越高的要求，"教师的专业化成长"也变得更加现实，只有走专业化成长之路，才能适应现代教育的需要，才有资格投身新课程改革的实施，才能成就教师这一职业的理想境界。我们要养成良好的职业心态，要明确使命，潜心钻研，营造专业形象，培养专业素质；我们要迎合职业发展要求，吸纳新的教育理念，建立新的教育哲学观点，反思新的教育教学实践，总结新的方法经验教训；我们要建立正确的职业理想，树立明确的职业目标，用发展的眼光看待自己，用专业的思维引领自己，用进取的精神鼓舞自己，在实践中学会运用，在实践中学会选择，加快自身的专业化发展步伐，争做"知明理、懂明辨、为明天"之"名师"。

弘毅致远，立"正"为"明"

◎ 教师，需用智慧铸就学生优质品格

郭文红老师的教育智慧都是扎根一线得来的，正因为如此，她的育人思

想分享才更显底气！

（1）郭文红老师的报告让我懂得教育需要智慧，更需要一种勇气，要敢于手捧带刺的玫瑰。学生的成长需要教师的韧性与智慧，学生的天性注定了他们的发展不可能全是阳光，还有风雨。面对这些，就需要教师用智慧与勇气，化解学生成长的阴云与雾霾。适时地给孩子心里埋下善良的种子，让他们心存善念，这是一个人一生的财富。我们要做学生的良师，更要做益友，与他们一起面对困难。

（2）教育孩子的过程也是自己受教育的过程。面对孩子的时候，才会发现社会是这么"清澈"，用孩子们"善良"的心来鞭策自己。每个孩子都是一张干净的纸，教师就是作画的人，我们教师的感召意义重大。当我们给了学生自私，那么他们在纸张上画下的能是更多的自私；当我们给了学生善良与美好，他们在纸张上留下的就会是更多倍数的纯洁。

（3）面对学困生，别总用"高压情绪"遥控自己，要多一份细心，多一分耐心。要把每一位学生都看作是能开放的花蕾，对他们多一份等待。等待是美丽的，因为在等待中，我们才能发现生命成长的美好。我们要时刻关注学生的每一次成长，多给学生成长的机会，而不要轻易地否定一个孩子，让他错失了自己的花期。

（4）当班主任被学生视为可信赖的人、可依靠的人时，是最快乐的。班主任工作千头万绪，每一份工作都需要我们班主任的倾心付出。做学生的朋友，永远要比做他们的敌人轻松得多。我们要努力成为孩子可信赖的伙伴，学生愿意把自己的苦恼、快乐、秘密分享给自己，那时的我们，就会拥有更多的快乐！

◎ 班会课，理应成为班主任的一张名片

丁如许教师在班会课方面，有着多年的研究，造诣很深。在他的报告里，我明白了如下道理：

（1）术业有专攻，面对班主任工作的辛苦复杂和重重困难，我们需要从更专业的角度去分析、审视和解决。不要仅凭个人以往的经验或者临时想来

的方法，武断地处理班级事情。

（2）教育需要春风化雨，润物无声，亦离不开耐心说教，言行促进。班级管理工作需要教师的知行合一，不仅要给学生讲明白道理，也要引导其身体力行。

（3）班主任的感染力、号召力和引领力，注定他们是自律性很强的人，是人格魅力很强的人。班主任是学生的精神领袖，应该用自身的魅力感召学生，引领学生，这是无法替代，也是无法复制的资源。

（4）精心备好主题教育课实际是一种智慧，一种思维。主题教育课，考验的是教师的积累，考查的是教师的视野与敏感度。作为班主任，要在平时积累各种教育资源，不断充实自己的主题教育，这样才能做到厚积薄发。

◎ 校长，要有传递正能量的魄力与勇气

作为一名校长，时常思索自己除了研究学校的办学方向和育人思想，致力于师资队伍建设、教学质量提高、和谐校园创建等日常工作外，还能做什么事情，让其对工作更有价值，对生活更有意义。听了肖川教授的讲座，顿有拨云见日之感，可谓茅塞顿开。

作为引领者，正如肖川教授所说，确信自己成功的心态不可或缺，但更需要丰富的、值得与人分享的思想和情怀。正如，向师生传递正能量，共同探寻卓越思想的源泉。

1. 传递追求成功的心态

教师的幸福在很大程度上取决于心态。人生的苦或乐全在于我们自己怎样看待人生，你的思想就是你的生活。那么，究竟什么能够使我们的生活变得幸福、圆满？是心态，是态度！境由心生，环境是由你的态度"生长"出来的，用哲学的观点来讲，你的思想就是你的世界，你的思想就是你的处境。世界其实就是我们自己，痛苦与快乐，成就与失败，宽容与紧迫，其实全在于我们怎么看。因为我们是通过自己的观点去看世界的，态度决定一切。

作为校长，就是要引领每一位教师塑造追求成功的心态，以积极的心理暗示，给自己以前行的力量，让生活因为有追求而充实，而丰富多彩。

2. 输送分享快乐的力量

快乐是一种美德 —— 人与人之间，无论是积极的情绪还是消极的情绪，都会相互感染，没有人喜欢与整天愁眉不展、唉声叹气、满腹牢骚的人在一起，我们都喜欢与心态阳光、积极上进，能带给我们欢乐和精神力量的人交朋友。所以，不要让自己成为精神和情绪的"污染源"。快乐能激发积极的情绪，让人们能在轻松愉悦的环境中工作与生活，生活质量与工作效率肯定会大大提升的。

作为校长，就是要输送分享快乐，将快乐衍生成一种力量，让学校多一点快乐的源泉，多一些积极健康的情绪，那么，这份快乐，就会让每个人天天如沐春风，营造出和谐而美好的生活情境。

3. 传承敢当优秀的习惯

"优秀是一种习惯。"这是肖川教授在报告中多次强调的一句话。一个人的行为方式、生活习惯是多年养成的，是经过重复或练习而固定下来的思维模式和行为方式。他认为，一个人能不能取得成就，变得优秀，关键是这个人有没有养成好的习惯。比如与人交往的形式、与人沟通的方式、与人相处的模式等，都是多年积累慢慢形成的。如果你在小事情上苟且，那么你在大事上、你在一生中一定是一个苟且的人。习惯有好有坏，好的习惯有助于事业的成功，而坏的习惯则会导致事业的失败。

作为校长，就是要传承优秀的习惯，"性相近，习相远"，"习惯养得好，终身受其益"。人的本性很接近，但师生由于工作习惯、学习习惯、生活习惯、为人处世习惯而相去甚远，校长有责任，更应有思路、有举措让优秀的习惯伴随着他们的成长，借助于习惯的力量，推动他们走向成功的彼岸。

4. 映射吐纳阳光的心灵

作为校长，自身必须要时刻生活在阳光下，并带领更多的教师沐浴阳光，让心灵世界多一分温暖与清澈。当我们一手牵起了积极的心态，懂得将快乐打造成力量，一手牵起了优秀的习惯，映射阳光的心灵，我们就会让我们的内心变得足够强大，就去及时剔除掉生长在我们心灵世界的荒草，让我们的生活变得愉悦，让我们的思想变得卓越！

◎ 校长，应该正确理解名校之"明"

名校之所以为名校，往往不在于升学率、办学特色。而在于其"明"，即很多办学思想、理念都是明明白白的，不故作高深，不故弄玄虚，而是回归原点，返璞归真。

（1）青岛二中，一所依山而建的学校。没有林立的高楼，但处处皆有风景，处处都是人文景观。听学校校长介绍自己的学校，没有凸显其名，而是追求明白的教育，即尊重学生的发展个性，顺应学生成长规律，给学生发展搭建知识、能力、兴趣的平台，我想这才是明白的教育。

（2）薛家岛小学，一所傍海而成的学校，以海洋文化为特色，构建了充满灵性的课程文化。沙画、贝壳手工等，培植了学生的天性，让孩子的眼睛更加明亮，让孩子成长的天空更加明静。没有整齐划一的兴趣班、特长班，不去追求所谓的名，把发展的自由给了学生，这是明白的教育。

（3）作为一名校长，当然要寻找到学校发展的突破口，但是不能急功近利，不能盲目跟风，浅尝辄止，劳民伤财，得不偿失。欲成名校，先要明白自己在做什么，有无明确的发展思路，明悉发展途径，洞察可能遇到的困难，最终会达成什么样的效果。欲做名校长，先做明校长！

且行且思，做最好的自己

天下教育看江苏，我对苏派教育一直是心驰神往的。有幸跟随三名工程团队，亲身感受苏派教育敢为天下先的胆识，用心做教育的情怀，几天来，感慨多多，收获满满。

也许，有的教师说："我们学校条件那么落后，我们的师资水平也不高，我们的教育根本无法与江苏教育相提并论。"我觉得这是一种推脱责任的说辞，这样的学习培训，只是一时的激情澎湃，不会带来长效。我们现有的教学环境与条件固然不优秀，但这丝毫不能阻挡我们追求优质教育的脚步。因为，教育是不分高低贵贱的。没有一颗对教育的执着之心，没有追求真善美的教育情怀，即使环境再好，条件再优越，也不会有成功的教育。

◎ 讲学稿，透过现象看本源

东庐中学因为讲学稿而闻名天下。可以毫不夸张地说，一纸讲学稿，拯救了险些被撤并的东庐中学。走进东庐中学的课堂，我看到学生手中的讲学稿，其实并无异处。也是教师针对教学内容，分层次给学生设计了不同的自主学习的内容要点。它与别处学校的导学案、学习单、助学单等有着相似的地方。万变不离其宗，溯本求源，它们都是充分发挥学生的自主学习能力，先学后教。他们在课堂上的使用，真正做到了学生会的不讲，学习重点让学生讲，教师引导学生突破难点，在难点突破中，获取解决问题的方法与经验。也就是说，讲学稿是为教师的教与学生的学服务的，而不是习题的再现。由此，给我的反思是：我们的助学案有没有发挥出这样的实效？我们的助学案在哪些地方应该调整并完善？我的初步理解是：根据教材设计主问题，在主问题驱动下，辐射各环节小问题（小问题也可以由学生自主提出），学生在充分自学后，自己做好内容及知识点的小结。教师抽查部分助学案，了解学情，课上集中讲解学生出现问题较多的地方。如此，课堂必然高效。

当然，讲学稿不能从根本上改变一所学校教学的命运，透过现象看本质，这里面凝聚着全体教师的聪明才智与工作热情，是学校向心力与凝聚力的体现，更是一所学校尊重教育规律、积极践行新课改的风采展示。

很多学校在推行新课改时，也探索出了诸如讲学稿这样的学习载体，但最终不了了之，究其原因，就是缺乏恒心，没有抓好过程落实。只保持了几天的热情，没有可持续发展的设计与举措。我的理解是：教育是实实在在的系统工程，容不得半点虚假。教育不需要浮光掠影的繁花与热闹，而需要踏踏实实的实践与耕耘。

◎ 新教育，其实是真教育

关于海门的新教育，早已神往许久。新教育的确让海门的教育焕发了无限的光彩，我们不禁为新教育带给师生的幸福完整教育生活而喝彩。尤其吸引我的，就是各学校的学科课程，可谓是丰富多彩，卓有成效。我想，这也正是新教育的魅力。他们的学科课程建设，都无一例外地遵循了学生发展的需要、教师成长的需求。他们的课程建设之路，基于学生的身心成长，围绕学生，服务学生，相信学生；而作为课程开发的副产品，就是教师素养的提升与专业的成长，更有教学质量的提升。我想，这才是真实的教育，因为它关照的是学生的心灵成长，关照的是教师能享受幸福完整的教育生活。

◎ 完美教室其实就是完美教育

缔造完美教室是新教育的重要举措。在海门学习的几天，我切身感受到了完美教室的神奇：每一个班级都有一个名字，每一个班级都有一个美好的愿景，每一个班级都有一个共同的宣言，每一个班级都有一个图腾，甚至每一个班级都有一首班歌，都有一首班诗……在我看来，这些代表班级精神的活动，已经远远超越了一个写真牌，它标志着师生愿意为班级这个共同的精神家园而努力。正是因为有了这些支撑完美教室的精神文化，才有了充满个性与力量的班级，才有了英语中考平均分 141 的奇迹，才有了传统文化经典与航模国际比赛的亮点。我想，完美教室所代表的，本身就是完美的教育。

◎ 卓越教师才能打造卓越课程

我们所看到的海门各学校的课程展示，也许只是他们的一角，但据此我们完全可以想象到，他们今日的成果展示，来源于他们的日积月累，来源于参与课程建设的每一位教师的扎实工作、智慧思索，更有他们的定力与坚守。我的理解是：这些卓越课程，来源于一群卓越的教师，或者说来源于正在走向卓越的教师。他们对教育的热爱，对学生的热爱，对新教育的热爱，才激活了他们不断研发的热情与创造力。离开了教师的卓越，课程就走不远。

◎ 校园内涵文化才是学校永续发展的根基

在南京学校观摩的几天，我特别关注了每一所学校的外显及内涵文化。每一所学校师生昂扬向上、彬彬有礼、阳光健康的精神风貌给了我深刻的印象。我的理解是：一所学校的发展，依赖于教师队伍的素养，依赖于学生的基础，依赖于社会各界的支持。但学校永续发展的根基在于学校的内涵文化及学校的精神。当我们把教师的常态工作提升为一种责任、高效的精神，当我们把学生的常规管理升华为一种精细、全面的精神，当我们把社会各界的关注凝聚为一种向上、超越的精神，我们的学校就有了不断发展的能量。

学习已经结束，现在反观我们的学校，与南京、海门学校教育之间的差距，也许很大。我们无法改变环境及条件，但我们完全可以改变自己，改变自己的心态，改变自己的教育思想，找寻到自身的发展优势，发挥我们的特长，找寻到学校内涵发展的道路。

倾听花开的声音

劳店中学是一所有着60多年历史的老校。半个多世纪的沉淀，赋予了劳店中学深厚的文化底蕴与人文气息。我校自2011年被山东省教育厅命名为山东省普通中小学"1751"改革创新工程项目学校以来，学校的发展搭乘了"自主发展、特色发展、内涵发展"的快车，学校的育人质量与管理水平不断提升。学校不断深化内部体制改革，始终以全面推进素质教育为己任，确立了"全面激活农村教育发展源动力"的办学理念，力求通过理念的实施，实现"让每位教师成功、每个学生成才"的教育理想。在新的教育形势下，学校集思广益，群策群力，提出了"拓展学生思维，培养学生能力，张扬学生个性"

的课程理念。我校的特色课程建设，近几年得到了长足的发展，尤其是心理健康教育课程，立足德育工作的生长点、智育和德育的结合点，扎实而稳妥地开展工作，大大丰富了课程资源，取得了良好的效果。

◎ 心理健康教育的历史

我校的心理健康教育工作，可追溯到 2008 年 9 月，迄今已有 13 年头。当时没有专门的心理教材，我们就从北京邮购了一套名为《放飞心灵》专门针对青少年心理健康教育的光盘，光盘共有 15 集，内容包括：自我认识、师生关系、同学友谊、人生规划、考前辅导、学习策略、情绪调节、亲子沟通、正确认识网络等。对于这些光盘，我们如获至宝，将其作为我们心理健康教育的重要依据。根据光盘的内容，我们及时展开团体讨论和师生心灵书面沟通，以强化辅导的实效性。这些光盘，点燃了我们从事心理工作研究的热情，我们的心理健康教育，正式鸣锣开场。

我们先在初一 8 个班中开设了心理课程，同时建立了专门的个体心理咨询室、团体心理辅导活动室。咨询室的布置力求规范。因为资源的缺乏，研究经验的不足，我们当时的活动也仅仅局限于一般的学习心理、成长心理问题等，尚没有系统的教学体系。2009 年 5 月，国家二级心理咨询师许丽华教师参加了韦志忠教师的本会团体心理辅导，使心理健康教育的形式有了新的发展，标志着我们的心理健康教育开始走向更深层次的研究。

◎ 心理健康教育的体系

随着学校的发展，特别是在新的教育背景下，学校加大了对心理健康教育工作的重视力度，把心理健康教育工作置于学校"为学立德"工作的首位。

1. 完善了组织机构，明确责任分工

学校成立了心理健康教育工作领导小组，教导处负责心理健康课程的开发与方案落实；德育处负责心理健康教育理论学习与班主任心理健康教育活动的组织与开展；学校咨询师为心理健康专职教师，具体负责学校心理健康教育工作；总务处负责心育设备的添置，为心理健康教育提供后勤保障。各部门相互配合，各司其职，全力保障心理健康教育工作的顺利实施。

2. 建立与完善心理健康教育工作三级网络体系

（1）学校心理健康教育工作的核心机构是"心理健康教育工作领导小组"，"心理健康教育工作领导小组"负责全校有关心理健康教育工作的领导、统筹与决策。

（2）学校心理健康教育工作的一级工作机构是学校"心理咨询中心"。"心理咨询中心"的主要职责是：负责制订全校心理健康教育工作计划和进行工作总结；指导和培训心理健康教育人员；聘请心理健康教育专家来校开设专题讲座；对开设心理健康教育类课程提供建议；为在校学生和教师提供心理咨询。

（3）学校心理健康教育工作的二级工作机构是级部"心理健康教育工作室"。工作室由级部主任负责，工作室主要负责组织本部的日常心理健康教育工作，指导本部的班主任和学生心理健康社团开展有关心理健康教育方面的活动。

（4）学校心理健康教育工作的基础是各级部的班主任和学生"班级心灵小护士"。班主任要主动了解学生的心理健康状况，一旦发现学生有心理健康方面的问题要及时向所在级部的工作室汇报，积极与学校心理咨询中心取得联系，获得学校心理咨询中心的帮助。"班级心灵小护士"在每个班级设男女生各1名，负责了解本班同学心理健康方面的相关信息，协助工作室开展有关工作。

◎ 科研，为心理健康教育插上翅膀

2009年2月，我们与山东省心理健康教育研究会签订了 —— 山东省"中小学学习心理辅导实验研究"项目协议书。2011年，我们所做的《中学生学习习惯的养成调查报告》荣获第十届全省心理科学成果二等奖。

2011年12月，我们申报了《体验式团体心理辅导在中学生班级管理中的应用研究》课题研究，并被山东省教研室确定为重点课题。围绕这一课题，我们扎实开展研究工作，通过丰富多彩的心理教育活动，促进学生心智的成熟，积累了大量的研究数据，取得了非常好的研究成果。2012 年 12 月，山东省重点课题《体验式团体心理辅导在中学生班级管理中的应用研究》顺利结题。在此基础上，我们形成了自己的校本化教材，开发了《初一新生适应性体验式团体心理辅导》经典课例，作为专题资源，经层层选拔，被推报到省里参加优秀专题资源评选。

除此之外，2009 年我们申报的县级课题《中学生心理健康教育研究》，也圆满完成各项研究任务，顺利结题，为我们的心理健康教育积累了更多的经验。我们还参与了全国教育科学规划课题《创新教育方法，实现"学困生"高效转化》的课题研究，通过分析学困生的成因，从心理障碍、心理缺陷方面进行研究，并总结出了转化方法，收到了很好的效果，在研究过程中发挥了重要作用。

◎ 心理健康教育的未来

经过我们的努力，2011 年学校先后成为山东省心理学学会会员单位、滨州市心理卫生协会会员单位。2012 年，我校率先通过了县一星级心理咨询室的验收，我们多次在县区专题会议上做典型发言，传达经验。面对新的教育形式，特别是学生心理成长的新问题，我们的心理健康教育也要与时俱进。在今后的工作中，我们继续朝着下面的目标努力。

（1）提升管理团队心理健康知识水平与技能，运用心理学知识管理团队。

（2）加强心理咨询师队伍建设，让所有班主任都持心理咨询师证上岗，让全体教职工都学会运用积极心理学的知识提升自己的幸福感。

（3）针对学生的新问题、新需要，不断完善我们的教学内容与形式，为使每位学生都具有健全的人格而努力。

（4）家庭教育方面，我们将改变单一的讲座方式，采取家长工作坊、与孩子面对面、角色体验等多种形式，让家长积极参与孩子成长的建设，推动其成为学习型家长。

心系学生　"疫"不容辞

庚子年春天，新冠疫情肆虐全球，对社会的方方面面产生了广泛而深远的影响。为了响应教育部停课不停学的号召，从 2 月 7 日起，洋湖乡学区开展了线上教学。三个多月来，8 所小学共 3 691 名学生参加了线上学习。现从以下三个方面进行总结梳理，以期抛砖引玉。

◎ 提高认识，准确定位

教书育人是每个教育工作者的神圣职责。面对疫情，学校理应勇敢地站出来，逆行而上，担当起"隔离不隔爱，停课不停学"的社会责任。只有这样，学校教育才能不缺位，学生成长才能不耽误。

对"线上教学"学区突出强调"三个认识到位"：一是要把线上教育作为一种常态，不但要做，而且要做好；二是要把线上教学作为一种全方位教育，五育并举；三是要把线上教学纳入正常教学计划，与新学期的课程计划相衔接。

◎ 科学统筹，注重实效

按照"专业引领，科学统筹，符合实际，突出特色"的思路，学区从四个方面对线上教学做了总体规划。

1. 全面统筹安排

按照上级主管部门的指示要求，结合本学区老教师数量多、对信息化操作不熟练的实际情况，通过深入研究、充分讨论，制定了符合学区实情的线上教学实施方案。

（1）发挥青年骨干教师作用，突出优势资源。

疫情期间，滨州市教育局组织优秀教师按照教学进度录制了微课视频，供全市学生线上课堂学习使用。当我们担心因为每个学校学情不同，统一看线上课堂视频学习可能达不到最好的学习效果时，北师智慧公司给我们送来了及时雨，免费给学区所有师生开通智学伴账号一年。为了做好智学伴平台和线上课堂的结合，洋湖乡学区成立了技术组、微课组与作业组三个工作专班。

微课组和作业组成员由每个学科骨干教师组成。微课组有两个任务，一是把市线上课堂的学习视频下载并上传到智学伴平台；二是根据市微课内容，结合学生实际录制微课作为补充上传到智学伴平台，这样学生的学习内容更加全面和符合实际。作业组的任务是根据当天视频学习内容设计作业并上传智学伴平台。技术组主要负责平台使用培训和技术支持。通过三个工作专班的共同努力，线上教学工作得以顺利开展，尤其是解决了老教师操作不熟练、对线上教学抵触等问题。

（2）科学规划课程。

为保障线上教学有序开展，除国家规定的教学课程外，还增加了防疫知识、居家劳动、近视防控、体育锻炼等课程内容。

（3）关爱学生健康。

学区多次通过工作指引、发短信提醒等方式要求学校严格按照线上教学要求，合理安排学习内容和时间，做到劳逸结合，合理控制学生的线上学习时间。

2. 全新教学模式

直播录播，双管齐下。教师提前让学生观看平台微课学习，直播时，针对重难点进行讲解。这种教学模式既能扩大优质教育资源覆盖面，减轻科任教师的教学负担，也能使学生有机会接触名师，拓宽知识面。

3. 全线突破瓶颈

在学区"创新突破，注重实效"工作方针的指引下，通过全体教师群策群力、摸索前进，最终实现了全线突破瓶颈。

（1）提高学习参与度。为突破教学交互困难的瓶颈，综合运用多个平台，如微信、钉钉、班级优化大师等，通过课前小游戏、连麦互动、随机点名、学生互评、在线测试等活动，活跃线上教学气氛，建立融洽的师生关系，促进师生互动、生生互动。

（2）自动诊断学情。智学伴平台很好地完成学生作业和测试的自动批改，并进行数据统计与分析，这不仅便于教师快捷、准确地了解学情，有助于学生及时了解学习效果、改进学习方式，还减轻了教师的工作负担。

（3）实现家校共育。在线上教育开展之前，各学校积极争取广大家长对"线上教育"工作的理解和支持，通过"致家长的一封信""线上家长会"等方式，与家长建立畅通、和谐的沟通机制，促使家校密切配合，明确各自职责，协同完成特殊时期的居家教学任务。

4. 全体兼顾，全面育人

（1）照顾特殊课程。除了语文、数学、英语等常规文化课程之外，还开设了美术、体育、音乐等线上课程，带领学生进行体育锻炼，提高才艺修养，为学生的居家学习注入新的活力。

（2）照顾特殊个体。本着不放弃一名学生的原则，针对后进生等特殊个体，进行线上家访、一对一指导等活动，以全面了解这些学生的居家学习情况，提升其居家学习质量。

（3）照顾特殊家庭。配合县教体局多次对因家庭困难无法进行线上学习的学生进行摸底，对特殊困难家庭，采用了赠送手机、无线流量等方式进行帮助。

（4）学区坚持"五育并举"，既指导学生加强文化知识学习，也指导学生加强品格修养、体育锻炼、艺术熏陶和劳动技能培养。

◎ 注重衔接，全力复学

（1）"线上教学"由主角变为配角，做好线上线下教学衔接。

（2）充分发挥智学伴平台强大后台数据优势，搞好学情分析，提高教学针对性。

（3）进一步提高教师信息化使用要求，提高整体信息化使用水平，促进教学效率的提升。

疫情的发生使"线上教学"走上了快车道。未来我们会再接再厉，争取能以线上教学作为切入点，实现洋湖乡学区教育质量"大发展"。

"线上课堂"阶段总结与"后疫情教学"建议

突如其来的新冠疫情席卷全球，在世界范围内引发公共卫生危机。响应教育部停课不停学的号召，在县教体局的统一部署下，从 2020 年 2 月 7 日起，洋湖乡学区开展了线上教育。三个多月来，8 所小学 3 000 多名师生参加了线上教育。洋湖教育人在非常时期"守初心、担使命"，不惧困难，勇于破冰。空中课堂工作走在了全县农村小学前列。

结合疫情防控期间线上教学情况，对全面复学后教学工作谈几点个人看法，与大家共享。

◎ 对疫情期间好的做法与经验进行总结和升华

（1）梳理总结"防控疫情"课程体系，开发课程内容。

各学校应结合学校的育人理念和课程体系，进一步完善安全教育、科普教育、生命教育、健康教育和劳动教育等。把具体行动提炼成课程，加入课程规划中。

（2）梳理总结"线上教学"典型做法，总结升华，形成经验。

对"线上教学"课堂教学模式、作业批改、学情检测、评价机制等方面的典型做法进行梳理总结，形成经验，让线上教学成为今后教学工作的有益补充。

◎ "后疫情教学"建议

（1）五育并举，健全课程体系。

各学校要坚持"防控""教学"两手抓，提前进行教学计划与筹备，科学规划学校课程体系。一方面积极构建德智体美劳全面培养的教育体系，另一方面要帮助每一位教师树立科学的教育质量观，统筹规划国家、地方和学校课程，不可偏行偏废、偏执一隅。

（2）依据客观情况，实施分层指导。

学校和教师要积极面对，认真分析研判，不但要关心学生的学业质量，还要关心学生的学习习惯。本着"一校一方案"、"一年级一方案"或"一班一方案"的原则，实施分层指导。具体路径如下。

第一，针对学业完成情况分层。面向全体，"培优补差"。对情况不同的学生提出不同的学习要求、设置不同的作业和练习。同时，关注学生自觉学习、自主学习和形成学习的方法与能力。

第二，针对家庭辅导差异分层。一个班级内，学生家庭情况本来就复杂，而在复工范围逐渐扩大的情况下，学生的家庭辅导状况也在不断变化。对学生的指导也应与时而变，因势利导。

第三，针对学生学习环境分层。学习环境的差异在短时间内很难弥补，所以应立足实际，对学生提出适宜的学习要求，以激发学习兴趣且能落实为主。

◎ 开展集体教研，提高教学效率

一是针对前期网上学习的情况进行沟通，群策群力。同一所学校内，尤其是同一个学科，教师互通有无很方便，发现问题也比较容易，关键是针对问题，找出解决的办法，拿出实施的方案。

二是规划学期教学。本学期的特殊性已不言而喻，若仍按以往习惯循序而行已不现实。通过集中研究，要寻找复学后的教学新框架、新模式，一个学校上下一盘棋，做到简而不单、约而不缺。

三是学习和提升专业技能。疫情对教育的影响是多方面的，它催生了线上教学方式的普及。教师的专业技能面临教育理论和信息技术的双重挑战。

四是研究作业与命题，提升监测指导力。学校及教师要正确了解学情，及时调整教学，进一步把精力转到研究作业与命题上来。

◎ 发挥"线上"优势，筹谋未来教学

各学校应审时度势、精准定位，变被动为主动，以学习者为中心，发挥互联网跨越时间和空间的优势，以实现技术与教学的完美融合。让"传统＋现代""线上＋线下"成为未来小学教学方式的正确打开方式！

没有一个冬天不会逾越，没有一个春天不会来临。能克服困难的人可使困难化为良机，只要各学校、各教师有百倍的信心和踏实的行动，所有的美好都会如期而至。

第二篇　引领教师成长

——校长的管理智慧

重塑教师成长方式

培训时很激动，培训后没行动。听听就过了，说说就算了，学学就忘了……这是教师培训中存在的突出问题。然而，这一切都因为一种创新培训模式 —— "轻松教与学"而发生了改变。这种模式有三个显著特点：培训焦点从知识走向目标，培训方式从传授变为引发，培训功能从传授知识技能变为认识生命真相。

◎ 发现教师成长新工具

使用电器须看懂电器使用说明书，大脑、心灵每天和我们在一起，但大脑、心灵"使用手册"你了解过吗？

在河南新安县举办的"轻松教与学"项目培训中，沟通潜意识法、喝水挂钩法、接受父母法等15个技术包，让近百名教师学习了大脑、心灵的"使用手册"，并现场进行了应用性练习。

"潜意识。你好！你是我身体重要的组成部分。许久以来，你一直支持我，保护我。今天我想做个练习解决我的焦虑，请你配合，可以吗？谢谢你！"学员们放松身体，闭着眼睛，聆听着轻音乐背景下导师的引导语。"我已收到了这份提醒，我会在合适的时机再面对或处理它，谢谢你。"这是在潜意识沟通环节导师引领教师们所做的一个练习。

"爸爸，您是我唯一的爸爸，也是最有资格做我爸爸的人，我完全接受您为我的爸爸，完全接受您的一切，也接受因此需要付出的所有代价……"

在"接受父母法"练习环节，许多教师泪流满面。

这样的体验式、互动性联系完全超越了讲座式培训，受到了教师们的普遍欢迎。

教师全俊峰用6个"第一次"表达自己在本次培训中的收获：第一次关注潜意识的存在并与之沟通，从中获取能量和方法；第一次学会用喝水法补充大脑所需的氧气；第一次觉察到要对自己的大脑进行保健；第一次学会茫然无助时用安装经验掣法找回获取成功的体验，以此为鉴，勇往直前；第一次学会用借力法缓解压力，强大自己；第一次担忧培训结束，希望时间变得慢点……

据该培训项目负责人周辰近介绍，"轻松教与学"是由华人世界NLP（神经语言程序学）培训师李中莹自2001年起历经14年研究、实验、推广而创生出来的一门学问。其核心价值是帮助教师把焦点从"教"移到"学"，一切以学生"学到"为焦点；关注并提升教师及学生的心理状态，帮助每一名教师提升心理素质；辅助教师得到个人成长，得到精神上的滋养，从而帮助孩子发展出良好的心智模式、人生技能、职场能力等。

作为该项目的引进人，新安县教育局副局长、新城实验学校校长王金华表示，这样的培训改变了教师"听听激动，想想感动，回去不动"的尴尬，让教师对自己的心智模式有了基本的了解，知道从哪里提升。当教师能与自己的心在一起，就能与学生的心在一起，就能唤醒学生的心灵。

◎ 如何改变教师发展方式

这样的培训创新是新安教育人改善教师发展方式的一种有益探索，帮助许多教师获得了精神成长。

精神成长是教师成长的灵魂。如果教师缺乏精神成长，那么专业成长也很难有大的突破。只有通过精神成长，才能实现教师发展动力由外而内的切换，才能实现教师身心发展的和谐，才能实现教师真正的成功与幸福。

在王金华看来，我国教师成长方式和内容主要指向了学科专业素养，而儿童研究素养，尤其是生命认知素养在一定程度上被忽视了。几乎所有的教师培训都指向了学科专业、班级管理、师德建设，唯独缺乏对教师内在人格完善的深入探索。"以往的培训不能有效支持教师做自己生命的主人，甚至经常沦为情绪的奴隶，给儿童带来了许多教育伤害。"

有评论认为，新安县的教师培训创新看起来虽然微不足道，却可能决定性地影响教师培训行业的发展走势。

教师发展模式如何转型

注重专业成长而忽视精神成长，让中国教师发展正面临困境。

当前的教师培训主要聚焦于学科教学和班级管理，并取得了有目共睹的成效，但存在的问题也不容忽视：培训效果因教师缺乏意愿而大打折扣，培训不能有效支持教师的生命发展，教师参训积极性有待提升，培训投入的资源与取得的效益不成正比，等等。

教师成长主要包含专业成长和精神成长，精神成长是专业成长的根基和动力。如果没有教师的精神成长，其专业成长也不可能有大的突破。如果一个教师内心是混乱的，就无法专注地从事教育工作；如果教师对学生的成长规律和心理认知特点混沌茫然，就无法成为一位优秀的教师。所以，如何改善教师的生命状态，促进教师精神成长，应该作为教师培训的首要任务。

◎ 教师发展偏差在哪里

教师要成为一名真正的教育者，必须有三个方面的发展：一是教师的学科专业成长，需要通过学校的校本研修来实现；二是教师要完成对自我的认知，修复并完善内心，重建内在关系模式，形成完整而又成熟的人格；三是教师要完成对儿童的认知与理解，懂得儿童心理特点及认知规律，知道儿童每一种行为的背后都有哪些问题与需求。

就我国基础教育的现状而言，教师发展存在的突出问题有两点：一是教师缺乏知识的更新，对于儿童的心理特点及认知规律几乎一无所知，对教育本质的理解处于混沌状态，而教师在工作中对上述两个问题大多时候处于一种无意识水平；二是教师的发展缺乏精神引领，各地如火如荼的培训不可谓不丰富，但却没有对教师内在人格的完善与发展的深入解读。大多数教师不能成为一名好的教育者，是因为他自身的内在人格还处于儿童期，没有发展到一个成熟的个体水平。

基于以上分析，我们可以看到当前中国基础教育领域凸显的问题，都与教师的发展现状有着密不可分的关系。教师没有自己的育人思想，不知道要让孩子成长为什么样的人；不知道如何创设一个经典的教育环境，来支持儿童的生命成长；不懂得如何营造一个符合国家课程观、符合儿童实体化认知、自由安全并且富有秩序感的课堂给学生，让孩子成为自我学习发展的主人；不明白自然、科学、社会实践等课程可以使孩子遨游更多的知识领域，从而发现自己的兴趣，实现人生的理想。这些都是因为教师的视野太过狭隘，只注重知识和技能，忽略人的发展。

◎ 精神成长成为新趋势

精神成长是教师成长的灵魂，专业成长是教师成长的基石，二者相互促进。专业成长使得教师在教学方面积累丰富经验，成为一个基本合格的教师。精神成长可以提升教师的精神高度，使教师逐步形成自己的教育信念，树立起振兴教育事业的理想。专业成长是实践，精神成长是指导；专业成长是根基，精神成长决定方向。

美国家庭治疗的先驱萨提亚女士认为，每一个到她那里咨询的来访者都是一个真实的、活生生的人，是一个拥有积极资源和自我价值的人，是一个渴望改变的人。每一个人都拥有自我的价值，都是带着自己的问题和积极资源去生活的。每个人都具有改变的可能，每个人身上也都潜藏着改变的能力。按照这个理论来说，作为人类灵魂工程师的教师，其精神成长的空间将会更大，因为教师本身以及他身边接触的积极资源相对更多，改变的可能性因而会更大。

◎ 怎样有效促进教师精神成长

最好的教育是自我教育。教师的精神成长不是无本之木，它首先有赖于自我的觉醒。在工作中，教师如果不能感受到创造的快乐，而是被淹没在重复、机械的教学活动中，迟早会产生职业倦怠。这种被动的精神状态会直接导致工作效率低下，会让教师错误地以为目前的疲惫状态是工作常态，因而不主动寻求突破和改变。

教师精神成长最初也需要专业人士的引领。教师本身接触社会面窄，有时候工作中产生的某些负面情绪会在这个相对固定的群体里相互感染、强化。此时，就需要用一定的方法来调节；否则，就会产生职业倦怠。如果这种技巧不能通过自己的途径获得，就需要精通心理的专业人士来适度引导。

专业的心理疏导很有针对性。比如，学生考得不好，教师常常有两种表现：有的人过于自责，在一定时间内怀疑自己的工作能力，自我价值感荡然无存；有的人痛责学生，怪罪于学生的浮躁怠惰，一两周内都会对学生的错误喋喋不休，学生的自我价值感荡然无存。这两种极端的方式都会影响教学的良性发展。专业人士的疏导会让教师对事实有一个明晰的觉察，并及时进行信息核对，帮助教师找出问题所在，引导教师挖掘自身潜藏的积极资源，通过专业的技术去帮助教师提升自尊感受，使其对自我、工作和生活有了更积极的体验，并激发教师主动去寻求主观上的一些改变，同时还会给教师指出其某种意识或行为可能产生的积极意义或负面影响，让教师根据需求去选择自己的意识或行为。教师选择的过程也是觉察自己内心的过程。接受引领者的疏导，教师会在平静的状态下对事情进行客观分析，发现自己的问题，感受到来自内心的、前所未有的力量，对即将去做的改变产生信心。

◎ 如何让教师成功与幸福

教师的成功与幸福，其实就是教师自我价值的实现。一方面体现在职业中，另一方面体现在内在的不断充实与完善中。这两方面可相互依存。教师经过对人的认知与思考使得工作更为明确与清晰，教师经过工作中的体验与感受得以完成对理论的实体化认知。这才是真正的认知，是心灵层面的有效碰撞。

为了让教师走向成功与幸福，可通过读书报告会、心理团体实操、个人心理辅导、新课堂体验式培训等一系列活动，在学校和区域内全面开展校本教研、校本培训活动。这样的活动，让教师的学科专业、对自我的认知与建构、对儿童的认知与理解能够同时向前推进，每月都有新体验，每期都有新认知，每年都有新发展。经由这样的成长，教师基本上都具备了自我内观、觉知、发展的能力，能够给儿童提供一个良好的环境，提供成长的支持，呈现出一名真正的教育者的素养。

◎ 教师团队的打造

独木难成林。教师的精神成长更需要团队的力量来形成正能量的共振磁场。无论什么场合，团队的力量都是不可忽视的。教师的消极情绪聚到一起可以相互感染，同样，其正面情绪聚到一起也会引起共振。

任何时候，环境对人的影响不容小觑。教师精神成长的大环境，其核心因素就是学校的决策者。作为学校中坚力量的教师，能否在工作中感受到自己存在的价值，能否在工作中感受到职业带来的幸福，能否在教材和学生身上感受到创造的乐趣，能否在校园中有归属感，很大程度取决于领导对教师精神世界的关注。作为领导，你能否了解教师工作中遇到的困扰，你能否觉察教师抱怨的背后对学校的期待？你能否在教师工作失利时伸出援手而不是一味责备？在向教师要成绩的同时，你能否对教师有一定的情感关怀？你能否意识到教师的幸福感对于学校发展的重要意义？领导具备了这种意识，才能真正看到每位教师为学校做了些什么，才会去想办法学习先进的管理经验。利用教师队伍这个优秀团体的学习资源，去激发教师为学校发展、为自我价值的实现而甘愿奉献、不断进取。

团队对于教师精神成长的帮助也源自成长伙伴的提携和鼓励。团队的每位成员接受了共同的成长主题，在同一时间、同一场合进行同一主题的不同体验，体验过去事件对于现在的影响，同时也体验当下自己积极的生命能量。教师在团队力量的影响下，也会有意识地调控自己的情绪，积极工作。同时，在团队集体体验同一主题的同时，团队成员之间的相互接纳、认同、欣赏、期待，使团队成员的心联结起来，形成一股强大的合力，教师精神成长的持续效果就会慢慢地显现出来。

萨提亚女士说过："欣赏并接受过去，是为了增强管理现在的能力。"教师的精神成长正是要经历这样一个令人喜悦的过程：所有的过去都是珍贵的资源，所有的未知都有改变的可能。只要你愿意升华自己的内心，幸福和成功就会随时随地来到你的身边。

教育者要先活出自己

有两件事情比教育孩子本身更重要：一是让更多父母自我成长，从而影响、教育孩子；二是为教师的精神成长提供大力的支持，让更多教师能够活出自身的生命状态，展现最强的生命动力，洋溢出"为人师表"的正能量。

如今，在现实的学校生活中，很多教师经常用训练、教导、教训的方式与学生相处，而缺少对学生的真教育。

其实，真正的教育是自我不断修正的过程，教育者活出自己的生命品质从而影响和感染学生，让学生也活出属于他的生命的精彩，这就是"教师是学生发展的第一环境"的真义。

◎ 什么是教育的真相

关于教育，蔡元培说得很确切："教育是帮助被教育的人，给他能发展自己的能力，完成他的人格，于人类文化上能尽一分子的责任，不是把被教育的人造成一种特别器具……"

教育就是要以道为本，遵循规律，顺其势而为，自然可教。每个孩子都是独一无二的，每个生命都应该拥有他特有的价值与意义。教育就是要定下心来，了解孩子，发现孩子。作为教育者，以多长远的眼光来看待一个孩子的成长，这将决定教育的品质。教育就是要让被教育者能够看到成长的真相，自发启动内在的动力，为自我负责，为生命负责。

教育不是一件着急的事情，需要我们每个人静下心来看自己。每一个人都是一个伟大的世界，教育者首先要做的事就是活出自己，再去教育启发别人；教育是一个生命影响另一个生命的过程。想要真正做好教育，就需要我们反思教育行为，转变教育观念，感悟教育真谛，从而增长教育智慧。如果教育者本身的生命状态是压抑的、内收的，他是根本不可能提升孩子的生命能量与状态的，也是根本无法助力孩子成长的。

如何教育好孩子应是学校教育的首要任务，而当今的教育却本末倒置，一些教师拼命抓教学，却不知教育方式早已扭曲，自然造就了一批高分低能的学生。教育者只有做好了教育，管理才会变得轻松，教学成绩的提升是自然而然的结果。

当前中国家庭教育存在的问题是：过多地强调了教育理论和方法的学习而忽略了对教育规律的追寻。

每个孩子都有属于自己的一套成长密码，可鲜有教育者有耐心和智慧了解孩子的独特，他们总是根据自己的人生经验，告诉孩子什么是对的、什么是错的。孩子为了得到父母的爱，特别是在生命的初期，就会允许父母的"教导"进入自己的生命。当孩子不听话时，父母在情绪冲击之下的"教训"行为，会加剧孩子的恐惧，令孩子不再相信自己的直觉，而是根据父母的信念和价值观做出人生的选择。这些心灵空间被父母挤占的孩子，在学校会轻易被教师侵占，走向社会会轻易被专家和老板侵占，而唯独不再相信自己的直觉和判断。

花是需要"浇"的，当你不知道花需要怎么浇时，你知道浇花的方法越多，越努力地浇，浇死它的可能性就越大；孩子是需要"教"的，当你不知道孩子需要你怎么教时，你知道教孩子的方法越多，越努力地教，教出问题的概率就越高。教育者都很关注"怎么教"的问题，其实我们更应该追问：为何教？谁来教？教什么？何时教？何为教？这五个问题哪一个都比"怎么教"重要，哪一个没搞明白，再好的方法都可能是教育伤害。

教育是一棵大树，家庭教育是树根，学校教育是树干，社会教育是枝叶。一个孩子只有在家庭得到充分的滋养，孩子内心才会充满力量；家庭是让孩子成"人"的地方，学校是让孩子成"才"的地方，家校合力，才能把孩子培养成"人才"。

一个得到家庭充分滋养的孩子就会在学校茁壮成长，进入社会就能够脚踏实地，发挥自己的最大能量，为社会贡献自己的力量。

◎ 教育是一场生命的引领

"一阴一阳之谓道。"教育孩子"严"就是阳的一面，"宽"就是阴的一面。可是教育不应偏执地执着于哪一面，而应该知道什么时候该严，什么时候该宽，这就是智慧。每位教育者都要知道，我们要学习的不光是如何教育孩子的知识，更重要的是通过学习提升自己的意识，从而知道什么时候自己该做什么，这是关于"道"的学习。教育本身就是一个人自我成长、自我修正的过程；亲子教育就是家长自我成长、活出生命精彩的过程。

老子说"处无为之事，行不言之教"，真正的教育无须多言。在中国传统文化中，父母活出自己品质的最好验证就是行"孝"，父母履行孝道就是对子女最好的教育。因此，教育绝不是简单的知识的传授、道理的说教、行为的掌控，而是一场生命的引领。

共同"成长"，一起"成就"

洋湖乡学区地处阳信县最西部，地理位置最为偏远。这也直接导致教师流动过多，人力严重缺乏，师资队伍很不稳定。这也是为什么自滨州市实施大学生农村偏远地区支教工作以来，洋湖乡学区承担全部六批实习任务、累计"接待"204 人、成为全县接受实习支教大学生人数最多的单位的客观原因。可以说，一批批实习支教大学生，为我们偏远地区的学校注入了强心剂，为我乡教育事业的稳定和发展做出了突出的贡献。

承担实习支教任务几年来，洋湖乡学区始终秉承县教育和体育局对实习大学生"尽导师之责、怀父母之心"的管理理念，在上级领导的调度、反馈、督查等完善管理体制指导引领下，立足支教大学生的双重身份，充分展现他们两个角色的调试和整合能力，扎实实践，不断探索创新，初步形成了几点做法。

◎ 生活安排上细致入微

我们要把实习支教大学生当作自己的家人一样呵护对待，情感上用心交心，力争做到生活有温暖，工作有温情。

（1）为每一位实习支教大学生准备了大到床垫、小到枕巾等生活用品 12 件套。

（2）集中食宿，统一管理。安排大学生集中在洋湖中学和勃李学校学生公寓楼住宿，条件相对优越，设施基本健全，能满足取暖、无线上网、淋浴等基本要求。学校为大学生提供纯净水饮用，餐厅的就餐环境和饭菜质量均很好，学区周末为实习支教大学生提供每人每天 20 元伙食补助。晚自学期间提供办公室，方便大学生考研学习。

（3）马士和小学距离学生宿舍楼大约 3 千米，该校有 5 名实习支教大学生每天往返。为确保交通安全，姚兰泉校长每天亲自负责接送。

（4）传统节日节点，校长都会组织包饺子、茶话会、趣味运动会等活动，改善生活质量，提高工作品位，给实习大学生一种交流和倾诉的空间，来感受、体验家的温暖。

◎ 常规管理上严格要求

实习和支教本质上是正式工作的预演，只不过在洋湖乡学区，大学生们的实习历程非常短暂，家长和同学们在期盼着他们作为"正式教师"第一时间上岗。所以更关键的是帮他们迅速做好角色转换，真正以一名教师的标准严格要求自己，服从集体的管理，扎实工作，快乐生活；做学生的良师益友，努力向身边的导师和同事学习，迅速适应新岗位、新环境，融入新集体，真正在"身临其境"中快速成长。

◎ 业务成长上专业引领

支教大学生们的业务水平和专业成长，关系着他们自身潜力的挖掘和走向社会以后竞争优势的培养，关系着学校育人质量的维系和稳定提升，关系着学校学情的巩固和发展，必须高度重视，顶层设计好，精细落实到位。

（1）健全大学生校内培养体系，校长作为重点工作密切关注，亲力亲为；遴选部分优秀的中层干部和科任教师担任实习支教大学生们的辅导员和指导教师，形成团队，汇聚力量，进行专业指导引领。

（2）充分利用教育集团的优势，每个月集中组织一次实习支教大学生教学技能培训交流会，鼓励他们向优秀的教师看齐，找准自己的榜样和方向，帮助他们开辟教学技能提升路径。

（3）学区组织实习支教大学生学区内跨校跟岗学习活动，给予他们一种完全的乡村教育生活体验。跟岗活动中大学生们既要展示课堂、听课评课，还要参观校园、协助执勤、聆听校长讲述学校管理，真正让他们在"学"中"做"，在"做"中"学"；既加深了对乡村教育现状的了解，更锻炼提升了业务水平，丰富了教育视野。

（4）为了满足每位实习同学的成长需求，各学校以学科教研组为单位每月组织一次实习支教大学生赛课和教学技能比拼活动，让他们在一种竞争氛围中激发潜能，展现自我，展示风采。学区根据各实习点学校推荐情况，组织期中和期末"大讨论、大学习、大展示"活动，力争让他们真正能够参与和融入整个磨砺的过程，促进他们快速成长。

◎ 体验上丰富多彩

为前瞻思考支教大学生们的职业生活，在日常支教工作生活中，鼓励他们以多种角色参与学校各项岗位和各项工作，丰富社会阅历。

（1）安排部分实习支教大学生在学校行政办公室办公，参与了解学校行政管理工作，体验"领导角色"。

（2）鼓励实习支教大学生积极参加学校组织的运动会、艺术节、科技节等各种活动，体验"主人意识"。

（3）生活补助统计让实习支教大学生自己参与，增强自主管理意识，养成生活节俭习惯，体验"当管家"。

◎ 管理上长效探索

学校成立学区实习支教大学生工作领导小组，让工作有人管，有人担当。出台《洋湖乡学区实习支教大学生管理办法》，对实习大学生的工作、生活和学习等方面做出明确要求，让工作有章可循，有"理"有"法"。

每个实习点学校实行班级制管理，学校分管实习工作的副校长担任班主任，从实习支教大学生中选拔一名班长和几名组长组成班委。班主任和班委具体负责实习支教大学生遇到的各种问题，让工作有"团队"，有"组织"，和业务指导团队实现管理上的双线并举。

学区还创建了大学生微信交流群，畅通了沟通机制，让信息"快节奏"互通。学区每个月出一期《大学生支教工作简报》，人人参与，在反思中感悟和成长，给支教工作留下难忘的"痕迹"。

◎ 效果上硕果累累

共同"成长"，一起"成就"，实现双赢。在辅导团队的悉心指导下，支教大学生们成长迅速，成绩优异。

支教工作本身就是一种人生历练，它增进了大学生们的学识，增进了战胜困难环境的力量，增进了社会责任感和职业担当。很欣慰地看到了部分实习结束的大学生利用课余时间自行返校看望导师和孩子们的场景，孩子们是那么激动和快乐，大学生是那么流连忘返，浓浓的暖意让我们学区坚定了做好支教大学生工作的决心和信念。

管理，是一种信仰

一个优秀的管理团队，需要有超前谋划的意识与自觉，需要有高远的设想与周密的计划。在新学期第一次中层会议上，我对各位管理者充满了新的期待，同时，让我们一起努力，把科学管理、高效管理打造成一种信仰。新学期，让我们努力做到以下几点。

（1）增强岗位责任感，增强角色意识。岗位是我们施展才华、体现个人价值的舞台。心有多大，舞台就有多大。责任意识的大小，决定了一个人成长空间的大小。新学期，希望大家进一步明确职责，强化责任，用实际行动塑造好自身的角色，积累并展现出最大的工作动力。

（2）率先垂范，爱岗敬业，以充足的干劲与旺盛的精力感染、引领身边的人。工作上做到追求无止境，创新无止境，提升无止境，不自我满足、自我膨胀，树立远大的目标，与时俱进。无论是分管工作还是个人教育教学工作，均要力争上游，不拖后腿。尤其是个人的教学成绩，力争优秀，不要荒废个人教学成绩，导致个人威信力降低。好的教学成绩是管理者的一个品牌，它从不与管理矛盾，任何时候，管理都不应成为我们疏于个人教学成绩的理由。

（3）正确剖析自我，拓展成长心境与空间。玉有瑕疵，人有缺失。我们不能无限放大自己的优点，被其蒙蔽而故步自封，画地为牢。也无须放大自身的缺点，妄自菲薄，丧失前行动力。我们应该在认识到自身优点的同时，认清自己的不足。只有认识到不足，才会发现自我进步空间还很大。

（4）教育的真谛是尊重。尊重是一种美丽的语言。在今后的工作中，我们要尊重同事，尊重岗位，尊重教育。管理是服务，管理者时刻要想着拥有自己的人气。因此，不要高居于同事之上，当知高处不胜寒，目无一切是走向退步的开始。我们要尊重岗位，不负领导重托，在其位，谋其政，建其功，游戏岗位、得过且过的人，必定被岗位所遗弃。新学期，我们一定要谦虚谨慎，戒骄戒躁，牢记尊重，向更高目标迈进。

（5）团结奋进，争优创先，共建美好蓝图。团结产生凝聚力，激活战斗力，并且力量巨大，无坚不摧。新的学期，我们要增强团队意识，先集体后个人，在大是大非面前，要有崇高境界与奉献精神，以增强自身的人格魅力。同时，我们要站在新起点，实现新突破，高点定位，攻坚克难，为实现学校的内涵发展做出积极贡献。

让我们精诚团结，立足本职，干事创业，切实履行好自身职责，用自己工作的业绩为学校发展增添色彩。

从"务实求真"到"务远求和"

◎ 务实求真，成为劳店中学教学工作的出发点和代言词

"务实"即"务本"，"求真"即"求是"，也就是立足学校实际，不断地认识育人的本质，把握教学的规律，并在这种规律性认识的指导下，沉下心来去科学规划、科学组织、研究学情、研究教法、传授学法。多年来，

劳店中学全体教职员工一直积淀和传承着"作风务实，工作扎实"的优良传统，并赢得了百姓的好口碑。但学校深知务实固本，求真致远，因此始终将务实求真作为行动指南，不断追寻求索。本学期初，学校牢记荣耀，铭记使命，结合我县教学工作发展新常态，重新审视自身教学工作的成效与不足，梳理经验、剖析问题，带领全体一线教师扎实开展业务学习和行为规范活动，补充能源，积蓄力量，重塑了教人求真的美好形象，并集思广益，广纳谏言，先后修订完善《劳店中学教学工作综合考核办法》《劳店中学教学常规管理细则》《劳店中学教科研工作推进制度》《劳店中学四案一体行动研究策略》等相关规章制度，以建立长效机制，使其成为教学科研工作的行动纲领、行动指南和评价方略。

◎ 务真求新，引领学校开展教学创新行动

谋变求新是学校科学发展的重要途径；教学创新是特色办学、优质办学的必经之路。

学校推行课程创新，不断拓展国家课程校本化研究，依凭近几年的实践探索构建起多元化学校课程体系，开辟了"选课走班"的第二课堂，拓展了教师的专业发展，培植了教师的课程整合潜能。市基础教育课程实施优秀学校评估顺利通过，省汉字听写大会成绩优异，市"国学达人"斩获头名，为学校课程改革助力前行。

学校力倡课堂创新。课堂是教学的主阵地，是教学创新最有生命力的地方。经历了县教学视导的磨砺，以"自主、合作、探究"为核心理念的"137课堂"逐步趋于成熟，并在 2015 年县课堂教学评估中荣获佳绩。历经了市课堂创新活动、联片教研活动、各级校级交流活动和各类外出进修培训，对我校"137课堂"的理论体系构建和发展方向充满信心、毫无动摇，面对一些同事开始收获课改的果实、开辟新的起点，而另一些同事还在勉为其难、被动接受的不均衡局面，学校还需沉下心来，结合实际，科学规划改革步伐，坚持走下去，分步突破。

学校主导教师发展创新，在新的教育环境下，本学期提出了全员教师

"14532"行动计划。将业务科室有关教师成长的工作进行统一整合，对全体教师按教师专业发展阶段分为五个层次进行不同路径的团队定向培养，以"业务提升、课堂打磨、组织管理"为三个固定的培养评价点，推进"幸福体验、梦想教育"教师成长课程体系研发，最终实现全体教师专业发展方向明确，业务和管理能力全面提升。

与此同时，学校完善学生管理机制创新，坚持"小班自主管理"与"个人成长轨迹"双线并举，营造积极向上、比学赶帮的学习氛围，服务课堂，促进教学，提升学习效率，学生自主管理的能力大大提高，学习的自觉性、成长的自律性明显增强。

2016 年 1 月，学校荣获滨州市教学创新优秀学校。

◎ 务新求精，再树教科研工作的"精心、精细"规划

教科研工作，客观来说，一直是学校教学工作中的短板，历年教学工作评估中均显劣势，至于此，学校有必要引领全体教师重新思考，系统规划，高效执行。

一是摆正"教科研"位置，规范审视教科研的角度和方向，纠正习惯性的功利心，让教科研回归原点。有人认为，只有上级主管部门组织的通过各级评选实现的有利用价值、有利可图、有证书体现的教研活动才是教科研，这种见解必须叫停。其实，它远非我们想象得那么高高在上，而且它就在我们身边：听评课活动是教科研，教学法打造是教科研，课程研发和整合是教科研，教师成长工作室创建是教科研，作业改革还是教科研……如果这些不是教科研，我们申报的课题研究、撰写的论文、参选的优质课追踪溯源来自何处？我们是否认真思索过、研究过、准备过、参与过、梳理过、回味过、总结过？

二是真正使"教科研"成为专业成长和成就事业的发动机和助推剂。要克服思维惰性，把困难置之度外；要用长远的目光去分析它，用积极的心态去审视它，用敏锐的心灵去感知它，用及时的行动去触摸它，用坚持的品质去打磨它，用理性的头脑去获取它；要明确不具备科研素质的教师不是一名

优秀的教师，教育教学只能在低水平上重复。要深入研读教育大家的著作及成果，汲取他们的智慧；要明确课堂教学是教育科研的源头活水，脱离课堂教学的研究，是无本之木，是空中楼阁。课堂教学改革是我们教育科研的主攻方向。要完善教科研工作组织评价体系，给教师以动力和支持。要怀揣"科研兴教"的发展信念，让教科研发挥出真正的价值。

◎ 务细求毅，坚守教学质量生命线

学校紧握发展生命线，把维持优异的教学质量作为第一要务对待，把提高育人水平及教学成绩看作是对家长负责、对学生负责的重要依据。为确保质量优势，全体任课教师做到了教学管理不松懈，常规材料求规范，教学内容重实效，教学检测显科学。尤其是科学组织阶段性检测，注重成绩分析，更有理性反思，形成级部团队育人合力。学校注重激发班主任责任意识，力促家校通力合作，联系导师重视边缘生、后进生的转化，力推课堂行为习惯养成，营造有号召力、有竞争力、有展现力的班级学风。

◎ 务毅求远，扎实推进学校"十项行动计划"

劳店镇中学"十项行动计划"，以"课程改革、课堂改革、教师专业成长、学生自主管理"四项核心工作为原点，以"尊重规律，关爱学生，维系教学质量生命线，造福一方百姓"为使命，以"创造劳店中学教职员工幸福的、有成就感的职业生活"为追求，彰显了学校坚持走"文化立校、科研兴校、特色强校、品牌亮校"之路的坚定信念。

◎ 务远求和

新学年以来，劳店镇中学全体教职员工辛勤耕耘、敬业奉献，学校各项工作在波澜不惊中平实地开展，但平实中我们不忘在坚守中寻求创新，在规范中追求突破，凝聚力和向心力只增不减；学校整体呈现出人心思上、和谐

和顺的良好局面，各项工作稳步推进，以全力迎接学校办学发展新挑战。更不忘感谢和期许，感谢局领导和各位同仁对学校的鼎力相助和关怀支持，同祝各兄弟学校齐头并进，共筑阳信初中教育美好未来。

做一个智慧型的校长

◎ 完善制度，思想立校

学校的发展，首先就是从制度开始的，无规矩不成方圆，治乱必先立规，有了制度约束就有了工作的衡量之尺。校长（我）上任之初，就广泛阅读了学校的规章制度，评比细则，发现确实有独到之处，咱们学校、咱们乡镇能走到全县的前列，这是制度保障。在此基础上，我们中学班子，明确责任，具体分工，广泛听取教师们的意见，对制度进行了修补和完善，如宣传报道奖励制度、课堂教学改革强力推进制度、学校网站评比制度、领导述职制度等；并组织精干力量，对前勤和后勤的制度进行梳理归纳，文字疏通，行为规范，编辑成册，发行试用，形成约束力，让教师们心中有底，干得明白，避免了制度朝令夕改带来的负面作用。

制度的作用毕竟只是约束，只是规范，我们学校必须改变，也就说要由"制度治校"过渡到"思想立校"的层面上来，用一种文化、一种氛围、一种传统使学校自然而然地跟上时代发展的需要。

协调好与教师之间的关系，协调各中层之间的关系，协调好与上级之间的关系，服好务，当好公仆，创造良好的教育教学环境，充分调动大家的工作热情和工作积极性。

校长不是靠权力压人，不是靠制度约束人，更不能整人，校长要有宽阔的胸怀，要高瞻远瞩，要靠自己的管理艺术、自己的人格魅力来管理学校。我们劳店中学中层领导，实行包干分工责任制，各负其责，一包到底。于每周五上午第一节定时召开班子成员会，总结本周的工作落实情况和下一周的工作安排，有应急问题或应急任务或争论不休的问题，在会上及时协调。会议力求精简、高效，不说大话、空话，关键在落实。我担任校长以来，和班子一起群策群力，先后干了几件实事。

（1）改建、扩建食堂餐厅。在原有的基础上，投资 12 万余元，焊接面积达 300 平方米的篷房，并配齐标准化的餐桌餐椅，可容纳 400 余名学生同时就餐，完善食堂内部设施，粉刷墙壁，铺设地面，设立相对独立的操作间，配备食品消毒设施。上电气化馒头机，提高食品质量，提高饭菜质量，为师生就餐提供最优质的服务，为教育教学工作提供坚强的后盾。

（2）学校投资 30 余万元更新变压器设备，将原有的变压器升级改造，为学校电器使用提供稳定牢靠的电力供应。两处中学合并以来，使用电量骤增，变压器功率低、电压低，学校经常断电，严重影响了学校的正常教学秩序和教师们的日常生活。学校和中心校领导多方协商，大大改善了学校的办学条件。

（3）投资近 2 万元配备了电子液晶显示屏。以往来检查、搞活动都需要挂横幅，既费钱，又费工，还不美观，遇上大风，甚至把横幅刮跑。为此，我们购置了显示屏，不仅很好地解决了以上问题，还能够在上面显示通知、温馨提示、安全注意事项，凸显了学校浓郁的人文氛围，成为我校一道亮丽的风景线。

（4）开展了丰富多彩的听课活动。劳店中学开展了常规月听课活动、"四二一一"听课活动、校长推门课活动等丰富多彩的听课活动，大大提升了课堂教学质量。

（5）完善网站建设。由于各种原因，原先学校注册的网站已经停用，后经多方协调和教师的辛勤努力，新的教育网站已经启用，并且分成了几个板块，由中层领导各负其责，负责上传。比方说，学科课件资源的上传，教师们把自己搜集整理的课件上传校园网，上课需要时及时下载，真正实现了资源共享。

（6）开播了校园广播站和网络电视台。学校建设了属于自己的校园广播站，每天开播，天天有主题，成为学生课余时间的一道精神大餐。劳店中学网络电视台（http://v.youku.com/v_show/id_XMjcyMzk4ODIO.html），汇集了我校的教育教学方面的"大事""趣事"，提升了我校的知名度。学校建设了劳店中学校园网站（http://197.198.199.2/），栏目丰富多彩，内容更新及时，很好地宣传了我校。

抢抓机遇，狠抓课堂教学，推动学校课堂教学改革，努力打造属于自己的课堂教学模式。

（1）创建自己的教学模式。县课堂教学改革的试点、省"1751"工程学校的申报成功，是我校、我镇的一个良好机遇，我们要抢抓机遇，在大力推行我校"自主、互助、开放"教学模式的基础上，鼓励各教研组、各学科组创立自己的教学模式，如语文组以学为主的教学模式，提高课堂教学效率，向课堂45分钟要质量。为了实现这个目标，我们严抓常规，狠抓课堂教学改革，努力提升教师的综合素质。

（2）开展通用基本功训练。学校出台了教师基本功训练实施细则，此次活动立足一个"实"字，成立了以校长为组长的领导小组，聘请了在各个领域出类拔萃的教师为指导教师，出台了实施方案，制定了奖惩办法，规定了训练的时间和数量。粉笔字，统一书写内容，头一天写，第二天大厅展，天天坚持；钢笔字、毛笔字、现代教学手段，每周一、周三各一次，现代教学手段必须结合自己的教学进度和上课需要，制作相应的课件，最后以编号的形式上交本级部，由各指导教师和级部主任对以上内容进行评估通报，结果纳入常规检查，对在全县抽测中前60名的教师按县一等奖综合考核计分。通过基本功训练，教师们都认识到了说一口标准的普通话，写一手漂亮的字，熟练掌握多媒体技术，是作为一名教师所必须具备的教学基本功，增强了教师们对自身基本功修炼的重视，促进了自身专业素养的提升。

（3）同课异构，联片教研，扎实有效。我校陆续与阳信县温店镇中学、商店镇教学开展了"同课异构"联片教研活动，两校同上一节课，不同的设计，不同的风格，精彩纷呈。活动中彼此交流，取长补短，纷纷表示受益匪浅。该活动的开展，提升了教师们的教学水平，提高了课堂教学效率，真正达到了联片教研、资源共享、合作双赢、共同提高的目的。

◎ 努力完成几个创建活动

学校抓住机遇，积极进行各项创建活动，以创建促提升。学校先后申报了"滨州市德育示范校""滨州市三项活动""滨州市规范化学校复评"以及县课堂教学改革示范校的创建、省1751工程项目学校的创建等活动，需要我们下大力气去打造、去实现，我们既要看到自己的优势，还要看到自己的不足，团结协作，众志成城，打造劳店中学美好的明天。

校长如同家长一样，最关键的还是要团得住一家人的心，凝聚人气形成向心力。人心齐，泰山移，再难的事也能做好；同时校长要善于学习，乐于交流，既要懂得经营人心，又要懂得教育方面、教学方面、财务方面等工作，还要懂得方方面面的社会关系。当校长不易，但当校长能磨炼自己，提高自己、从成就学校和成就教师们中享受快乐和成功，我觉得值！

以学为友，以德为邻

2019年4月，根据县局的安排，我加入跟岗二组赴桓台县起凤镇中心学校跟岗学习。桓台县起凤镇距县城12.5千米，东北接博兴县，面积55.39平方千米，辖24个行政村，总人口6.1万人，现有2处中学（鱼龙中学和起凤中学）、5处小学、9处幼儿园。受近年农村人口向城镇发展的趋势影响，义务教育阶段学生减员迅速，在校生仅有2 660人左右。尽管如此，起凤镇的教育质量及综合督导评估成绩始终保持在全县乡镇前列，下面我将总结跟岗学习过程中体会最深的几个方面。

◎ 底蕴之学

起凤镇文化底蕴深厚，历史名人及遗址众多，尤其是齐文化留下的印记很多，如会城故址、五贤祠遗迹、鲁仲连遗迹、青丘遗址等。起凤镇的名称来源于一个腾凰起凤的传说，雄为凤，雌为凰，总称为凤凰，常用来象征祥瑞，这里的百姓乐于相信，这曾腾凰起凤的地方自然便是一方风水宝地。起凤镇域内曾有千年古潭鱼龙湾，久传湾内深潜"仙鱼洞庭"，又名龙窟，即是龙居之所。民众口中流传着一句话：乌河之上，腾凰起凤；猪龙河侧畔，龙脉鱼丽。

◎ 业绩之学

起凤镇中心学校拥有省级规范化学校四处，曾代表全县迎接教育均衡发展验收，教育满意度测评连年名列前茅，足以说明综合办学条件和办学质量的优越和领先。鱼龙中学和起凤中学教学成绩优异、实力相当，是全县乡镇中学的领头雁和排头兵。在 2018 年中考中，全县前 300 名拥有 24 人，统招录取率达到 66%。因此，起凤镇中心学校在全县事业单位绩效考核中也同样成绩优异，2017 年第一名，2018 年第二名。

中心学校校长巩同林介绍，近年来学校坚持"四项举措"推动教育教学质量持续提升。一是专注素质提升，打造一支精于管理、成效显著、干出精品的管理队伍；建设一支敬业奉献、为人师表、业务精湛、理念先进、勇于创新、结构合理的教师队伍，以提升管理水平为重点，强化目标管理，建立目标导向机制，凝聚师生发展共识，严格过程考核，同时深化教育内部改革，实施名师带动战路，最大限度地调动教师队伍的工作积极性。二是加强教师培训，全面提升综合素养，加强理论学习和师德教育。通过以老带新"结对子"，实践锻炼"压担子"，竞赛比武"搭台子"等形式，积极组织教师参加各级各类培训，进行校内、校际的听课活动，以提升教师综合素养，提高教育教学水平，完善管理制度。三是引导校长把质量提高作为一切工作的出发点和落脚点，把校风、教风、学风建设作为提高教育质量的突破口，树立正确的教育观念，突出质量核心地位，培育质量文化氛围，带头深入一线钻研业务，激励广大教师积极研究教学、改进教法，实现课堂教学效率和教育教学质量的同步提高。努力培育勤学上进、立志成才的良好学风，以校风带教风，以教风促学风，形成"教风正、学风浓"的良好氛围。以政治激励、榜样激励和制度激励等手段不断加大对教育教学成效好、质量高的学校和教师的宣传力度，引导学校和教师更加关注教育教学推动教育质量持续提升。四是强化交流沟通，搭建共同成长平台。中心学校多次召开毕业学业考试备考会及教学质量研讨会，对全镇各学校教学成绩深入对比分析和总结，明目标、找差距、提建议、商对策，积极组织骨干教师与城乡学校"结对帮扶"，提升复习质量。各学科教研员深入课堂随机听课查阅教师教案、中考复习方案等与一线教师共同分析学情、制定措施、调整策略、优化教学，为全面提高中考成绩把脉导航。通过请进来、走出去模式鼓励学校选派骨干教师参加各类研讨会，邀请名校名师来校举办讲座。印发《起凤镇中心学校加快教学优质化，打造高效课堂，开展课堂教学改革活动的实施方案》，定期开展全镇中小学教育教学管理、课堂教学改革行政视导和教学视导活动，纳入各校综合评价结果。认真组织期中、期末学业检测，分析教育教学成绩，不断完善质量监测评价体系。

◎ 思想之学

访谈"第二届齐鲁名校长"人选宋佃亮校长：以人为本，是学校管理的基本信条。宋校长说：在整个教育活动中，最核心的因素是人。同样，学校的存在、发展和提高最关键的是学生和教师。因此，只有真正做到以人为本，让师生在和谐的氛围中轻松愉快地学习工作，我们的学校教育才算是真正回归本真的教育。

1. 把健康快乐作为第一要素

身心健康的孩子是我们学校教育的基石，教育的终极目的应该是培养自由发展的人。当孩子把学校看作是受难所时，教育还有什么幸福可言，我们还有什么资格侃侃而谈素质教育？所以健康快乐是孩子成长最基本的养分，无论我们有多少理由，任何一个都不能成为剥夺孩子健康快乐的借口。只有健康快乐的教师，才会以平和积极的心态，才会以快乐的状态去工作，才会教出快乐积极的学生。因此，我们应始终把师生的培养健康作为第一要素。

教师首先要把个人家庭生活建设好，只有生活幸福，才能积极工作。这是我们学校工作能顺利进行的最重要的基础之一。

2. 营造和谐的人际关系

良好的氛围，和谐的校园，就必须有和谐的人际关系。

首先是和谐的师生关系。很难想象，当师生把彼此当作对立面时，我们的教育效益能有多少。所以和谐的师生关系是教育教学优质高效进行的基础和前提。

第一，让师生真正彼此了解。学校通过师生座谈会、主题班会、师生互换角色、家访等活动，让学生理解教师的良苦用心和无私付出，也让教师对学生有客观全面的了解。

第二，提倡爱的教育。每个学期，学校都会采取各种形式的活动，让教师学习体会爱在教育教学中的重要性。学校选择经典的教育专著如《爱的教育》《给教师的100条建议》《56号教室的奇迹》《大境界、大爱心、大智慧》等。开展"假如我是学生""我的孩子犯了错""走进学生心灵""我给学生做家长""爱需要体会"等系列主题活动，让教师在活动中感受到带着爱去管理孩子是多么重要。

其次是和谐的同事关系。一个具有凝聚力、团结协作的集体，是学校工作高效的保障。学校鼓励教师之间的团结协作，在工作中注重对团体的评价；开展各种集体活动（教师体育竞技比赛、文艺活动、互助户外游、座谈会）让教师在活动中互相交流、互相理解、互相协作；开展互帮互助活动，拉近感情距离。

3. 注重德育教育

道德教育将成为新世纪教育的灵魂。作为学校，我们首要的任务就是培养有道德的人，也可以说，这是我们学校教育的底线。因为我们所培养的孩子如果连最基本的道德素养都不具备，那教育越发达，对社会危害就越大。陶行知曾说过："因为道德是做人的根本。根本一坏，纵然使你有一些学问和本领，也无甚用处。"学校开展了"什么样的学生才是合格的孩子"的讨论，让每一位教师都意识到培养孩子良好的道德品质是多么重要。

以学校德育为主体，以家庭德育为基础，以社会德育为依托，构建三位一体的德育评价系统，以培养学生创新精神和实践能力为重点，全面推进素质教育，进一步提高教育的实效性，使学校、家庭、社会教育紧密结合，形成整体合力，全面促进了学生身心健康的发展。学校逐步开展了"爱国情怀、规则与法、习惯养成、感恩教育、培养责任、传统文化、生命意识、身心健康、艺术审美、创新能力"十项主题德育活动。

◎ 待人之德

起凤镇中心学校高度重视本次跟岗工作，不仅为我们召开了隆重的欢迎会，更是安排专人全程陪同我们的跟岗学习。所到中小学的活动无不精心设计、丰富多彩，充分展现了学校的精神面貌、校园环境和学校文化，展现了学校的办学特色及亮点工作，更展现了各位校长和他们所带团队的责任心和执行力。我们不仅学到了校长办学的先进理念和务实做法，更为他们"以德待人、以诚待人"的工作作风而感动。

◎ 名校之德

起凤镇中心学校的确是藏龙卧虎之地，这里有一所小学仅有 9 个教学班，26 名教职工，306 名学生，却被评为全国青少年创新教育实验学校、山东省级规范化学校、淄博市课堂教学改革培植学校、市德育工作先进学校、市艺术教育特色学校、市学校文化建设先进单位、市首届优秀乡村学校少年宫，它就是起凤小学。

校长王新，"70 后"，年轻、沉稳、干练，曾是县初中物理教学能手、学科带头人，2009 年经全县公开选拔担任起凤小学校长。他说："让孩子拥有快乐的童年，让每一个孩子都能快乐成长，这是学校的职责。"在他的带领下，学校树立了"崇文立志，尚艺成才"的核心办学理念，力抓学校文化建设和课程建设，力推"双学三段四环节"高效课堂，力建"双润农村少年宫"，扎扎实实走出了一条改革创新之路。学校的成功变革，受益最大的还是一届届的学生，在这所普通的乡村学校里，他们实现了与城里孩子享受均等教育的梦想。

在起凤小学，我们看到所有的孩子都学会一种乐器、一项技能或一项运动，都能参与到乡村学校少年宫的活动中来，他们要的是 100% 的孩子都能在这里快乐地成长。让农村娃也能享受到与城区孩子同等的教育，不仅学知识、学技能，还能抚琴弈棋、学书作画、习武弄文、健身启智。让每一个孩子都能全面、健康、快乐地成长 —— 乡里人曾经的期盼，正在这里变成现实。学校还从文化核心"让每一个孩子快乐成长"中，抓住两个关键词 ——"快乐"和"成长"，演绎成学校的两个卡通形象，一个是穿着运动衫、戴着瓜皮帽、横跨在自行车上的男生"乐乐"，另一个是扎着马尾辫、身着背带裙、笑容满面的女生"成成"。学校通过这两个卡通形象，围绕孩子们在校内校外发生的故事开展思想品德教育，收到了寓教于乐、寓教于形象之中的效果。我想，起凤小学的变革之路，就是乡村教育的均衡发展之路，是一种高品位、高起点，有质量、有特色的、新的均衡，它超越"普九"，超越"就学平等""条件均等"，走向了内涵、特色、质量均等的教育均衡新阶段。

领略"五羊"本真文化，引领学校走向卓越

◎ 团结敬业、实干质朴的领导班子

作为领导首先要以身示范，比如学校领导和中层领导班子 7 点前到校，比教师来得都早，放学后最后离校；刘校长上英语课，魏书记上政治课，检查备课时中层先交上，中层在忙行政事务的同时，成绩也都排在同学科的前面，年年被评为教学能手等，这种带动带来的是教师们的感动，教师又会有所行动，不会出现迟到、空堂、完不成任务等现象，所以慢慢就出现大批优秀教师。教育在路上，成长在路上，不断学习的黎顺芳老师，在他的努力下，

一个班的成绩由 23 个单位中的倒数变成了第一名；教育学生不比基础、比进步，不比聪明、比努力的曹教师；通过实验探究，点亮学生素质成长之路的徐桂兰教师等等，打破了学校从没有区内骨干教师到今年出现的两名区内教师培养人选，这是学校领导及教师们辛勤努力的结果。

◎ 文化建设实现品质的升华

学校以前的校训是立志勤学、自律进取，校风也是这一条，刘校长来了之后，带领学校班子，提取了学校文化的精髓"求真尚美"，学校文化由关注学生纪律向关注尊重学生转变，注重尊重文化、本真教育，在具体实施方面要求一懂（懂规矩）、二会（学会学习、学会做事）、三有（有道德、有信念、有热情）。学校以办本真教育为理念，求真、尚美为校训，以爱生、善教为教风，以勤学、自律为学风，坚持我能行、我能创造奇迹的信念，全面建构"五羊文化"，培养求真知、探真理、有真爱的、快乐生活的现代人。

◎ 教学质量实现质的飞越

五羊中学结合自己的教学实践，提出了"任务""互动""评价"三元一体课堂教学模式。该模式通过以任务为"学什么"、以互动为"怎样学"、以评价为"是否学得好"三个元素一体化为考量的课堂教学，以期形成一种常态化的有效课堂教学方式，达到有效课堂教学的目的。在教学过程中注重自主学习、合作探究、拓展提高，从而达到教师乐教会教、学生乐学会学、课堂高效和谐。他们的课堂努力达到真实、朴实、扎实。学校还实行分层走班制教学模式，倡导多元学习方式并举，如探究学习、合作学习、自主学习、网络学习和移动学习。通过近两年的发展，学校的教学成绩已从全区的倒数提高到中上游水平，可见成绩的进步离不开高效的课堂。据周三的教学视导反馈，五羊中学边缘生潜力很大。

◎ 学校德育的系统化、课程化

刘校长来之前，五羊中学作为配套中学，学生学习行为习惯不好。在培正等几所中学任教和担任学校领导的刘校长，正确为五羊中学把脉，看到了问题的本质。为激发每一名学生发展的正能量，五羊中学用德育唤醒学生的人生追求，组织各种有益于学生身心健康发展的活动，如传统文化月主题教育活动、实践活动、社区服务、爱心奉献、融入社区文明共建等，努力将社会主义核心价值观落细、落小、落实，内化于心，外化于行。不同年级德育的侧重点不同，初一年级德育工作的主题是"我知我校，我爱我校——迈好中学第一步，做一个合格的中学生"。初二年级德育工作的主题是"学法、知法、懂法、用法——迈好青春第一步，促使德智体全面发展"。初三年级德育工作的主题是"信念、目标——职业定位，做合格的初中毕业生"。这样针对不同年龄段孩子的德育工作更有针对性、条理性。

学校在德育模式上进行了创新，开展真引领、真关爱、真成长行动；将德育工作课程化，分为立本课程、至善课程、达人课程，然后又进一步将每个课程进行了细分，分别有五个主题，如立本课程分为主题教育、素养教育、安全教育、健康教育、实践教育，使德育工作更易扎实落地，也凸显了学校教育特色。每天大课间的全校跑操、广播体操、韵律操、各种节日文艺汇演等，都深受全校师生的喜欢。各种社团活动的开展，无疑都强调尝试和体验，都是为了锻炼学生意志、培养学生能力，提高教师幸福感的得力措施，把师生内在潜力充分挖掘出来，其能量是无法估量的。

◎ 今后探索的方面

积极探索五羊中学的"破茧成蝶"之路，寻求自我发展。

（1）向刘校长、魏书记学习，同领导班子成员团结协作。

（2）创造浓郁的学习氛围，做专家型校长，带领专业型中层班子，专业化开展工作，培养教师向专业化发展。

（3）引导学校领导班子思考学校教育教学理念，形成自己的办学特色。

（4）从课程、课堂、教师、学生等方面思考基于合理评估体系的有效举措和学校文化的构建。

（5）将五羊中学的"拼搏进取"精神传递到我们学校的工作中，解决共性的问题，如教育教学效率低、职业倦怠、教学水平不理想等问题。

（6）寻求学校合作发展的平台，在今后的工作中，积极跟进名校、促进交流，探索多元办学。

在坚守中求突破，在创新中求发展，让我们的学校成功突破自己，走向优秀甚至卓越。

"带好团队管好人"培训心得

孤掌必然难鸣，独学必然无友。校长要善于凝聚人心，缔造人心所向之团队，知人善任，人尽其才，增强团队成员之归属感，发挥团队的战斗力。

◎ 传承团队管理文化

打造精英中层团队。中层例会，重在落实智慧共享；中层带班，率先垂范，责任担当；管理日志，经验积累，智慧共享。级部管理，大胆放权，给予更多的创新开展工作的空间，确保各项督查和纪律监管制度运转有序，确保管理实效。鼓励各班级全面实施小班自主管理制度，锻炼学生的自我管理能力，力求学习积极、秩序良好的局面。

◎ 传承团队精神文化

团队的精神文化是一个团队集体智慧的结晶。学校每一个级部理应拥有自己的管理文化和管理理念。鼓励级部开展评优树先活动，如"最受学生欢迎的教师"和"十大最美行为"标准大讨论；鼓励级部制定出符合实际的教师行为标准，最终提炼出先进的特色管理理念。这些精神文化，实质上就是一种对团队的认同感和自我的归属感，这样的传承有利于增强团队的凝聚力和战斗力。

践行文化管理，创新科学发展

阳信县劳店镇中学，位于渤海之滨，梨乡大地东陲。学校始建于1958年，半个多世纪的积淀和孕育，赋予了学校丰厚的文化底蕴。学校总占地面积6.5万平方米，建筑面积2.2万平方米，布局合理，环境优美。学校现有县域内一流水准的报告厅、餐厅、综合楼和实验楼，设施配备完善，办学条件和育人环境优化。

近年来，劳店镇中学积极践行文化管理理念，追求润物无声、育人无形的教育境界。学校的文化管理思想以社会主义核心价值观为导向，立足学校实际，以提炼学校核心价值观，并以学校核心价值观引领、提升学校环境文化，培育学校行为文化，夯实学校制度文化和打造学校课程文化重点，以文化人提升学校品质，改革创新，用心用力，推动学校优质发展。学校集思广益，群策群力，构建了"全面育人，和谐发展"的核心价值观体系，并以此为根基，实施了"全面激活农村学校发展的源动力"的诸多举措。

"全面育人"就是以"培养全面发展的人"为出发点，让每个学生受到关注，得到关怀、尊重和重视，享受属于自己的快乐和成功。学校不放弃每一位学生，并让每一位学生的潜力得到充分发展：在学业上获得成就，在个性、特长等诸方面获得技能，成人成才，着眼未来，关注学生终身发展。

"和谐发展"是学校文化的内涵，即和谐的育人氛围。意指学校内师生之间团结友爱、互相促进，校园人文环境的和谐搭配和学校与家庭、社会之间的和谐共处。创建人文校园、书香校园，把学校建设成师生成长的摇篮、精神的家园、生活的乐园，彰显学校和谐的魅力。

在核心价值观的指引下，学校办学目标和育人目标更为凸显。其中，办学目标为"创建一所环境优美、文化浓郁、德智并重、师德高尚、学风优良、社会满意的农村优质校"；育人目标为"培养具有家国情怀、担当意识、健康体魄、勤学品质、创新精神、坚强毅力的新时代中学生"。

为达成育人目标和办学目标，坚持走"全面育人，和谐发展"之路，学校坚定不移地实施了多项改革创新行动。

◎ 构建全方位课程体系，激活学校长远育人的源动力

学校秉承"课程即育人"的思想，确立了"拓展学生思维，培养学生能力，张扬学生个性"的课程理念，走上了课程建设多元化、体系化、网格化和个性化发展之路，历时三年的探索与研究，实现了"课程多元化，能力可视化，素质多样化"的课程愿望。

（1）研发丰富多彩的校本课程。学校充分利用师生资源，激活师生的创造性思维，在课程理念的指引下，陆续研发了涵盖人文、科技、艺术、体育、综合素养在内的41门校本课程，丰富了学校多元化课程体系。2013年11月，学校在山东省素质教育论坛上代表滨州市做了《特色课程，助力学校发展》的典型报告；学校的课程研发经验被教育部主管报刊《语言文字报》专题报道。

（2）与时俱进研发卓越课程。近年来，学校以学生核心素养的具体内容为参照，进行了新的课程整合。比如语文学科的单元主题学习活动、创新写作实践研究等；数学学科开展的研究性学习活动、数据里的科学研究等；英语学科开展的读英文名著、看英文电影等，实现了课程资源的整合运用，研究性学习、实践性运用成为我们新一轮课程研发的主流，这些课程资源的运用都与学生的诸多核心素养息息相关，比如国际视野、人文情怀、思考批判等，这为学生核心素养的提升提供了更多的机会。

◎ 打造优质课堂，激活优质教学恒久的源动力

在核心素养背景下，我们要重新审视教与学的关系，围绕真实情境中的问题展开探索，激发学生的原有经验，促进学生主动学习，满足不同学生的需求，促进相关素养的培养。

（1）开创"137"课堂教学模式。在新课程理念的引领下，学校多次开展了课堂教学方面的变革行动。学校在山东省课程中心的支持下，形成了"137"课堂教学模式。"1"即一个理念：学生自主管理自主学习；"3"即三个支架：（管理支架：小班＋小组自主管理；助学支架：助学案的编制和小组的使用；教学支架：互动式教学课堂的组织与评价）；"7"即七项流程：①问题梳理，归纳整合；②小组交流，合作探究；③展示互评，质疑点拨；④归纳结论，阐释评价；⑤概括生发建构体系；⑥应用训练，拓展提升；⑦盘点收获，概括生发。

我们的这一教学模式，核心思想就是把学习时间更多地还给学生，鼓励学生在自主参与下，质疑探究，总结归纳，并适时进行合作交流、智慧共享，从而为学生核心素养的提升搭建思考平台。

（2）实施"助学案"革新。课堂变革永无止境，我们与时俱进，进行了助学案的改革，实现了"四案一体"；同时，把研究性学习、主题学习模式引入课堂，并成为师生共同参与的学习模式，致力于让学生更多地参与学习、探究活动，让课堂更高效。我们多次选派骨干教师，参加了各级基于核心素养的课堂观摩、比赛活动，在学习中汲取经验，在比赛中收获历练。2016年12月在山东陈毅中学举行的全国百名教师同课异构活动中，我校3名参赛选手均取得了优异成绩，见证了我们的课改之路是正确的。我们还召开了"课堂改革与学生核心素养"主题大教研活动，学习关于核心素养的理论，寻求课堂支撑点，细化到课堂教学的每一个环节，为培养学生的思考、探究、质疑、批判、合作、交流等素养进行了全方位的课堂设计。通过设计并开展基于问题或基于项目的学习，实现以学生为中心、主动学习和解决现实情境中的问题，最终实现了课堂的高效。

（3）开展复习课的专题研究。为提升复习课的教学效率，积累复习课的教学经验，构建学校的复习课教学模式，学校开展了以复习课为课型的课堂教学大赛，并集中进行了专题教研活动。活动中执教教师说课与评委评课相结合，观课议课与专题研讨相结合，答疑解惑，相互启发，最终形成了学校的复习课教学模式，提高了复习课教学的效率。

◎ 力促自主发展，激活教师专业成长的源动力

美国著名的管理学家梅考克曾说过："管理就是一种严肃的爱。"即严中有关怀，爱但不放任、放纵。我们学校把这一思想引入到对教师们的管理工作中，秉持的原则就是"严肃"前提下的"爱"，让每一位同事都有存在感。

（1）关注教师心理，营造和谐共荣氛围。学校适时组织包括班主任、级部、女教工、全体教工各个层面的团队心理活动和户外拓展活动，通过冥想、绘画等专业测评手段和趣味活动，让教师们在全心参与中获得有益的启示，释放自我，发现自我，并在团队活动中感知到自我的重要、同事的重要，从而营造和谐共进的良好氛围。

（2）搭建平台，为每个教师提供展现风采的机会。学校定期开展教学教研主题讲坛活动，在级部推荐、个人申报的基础上，每一期的主题论坛都有3～4位教师担任发言人，讲述教育故事，阐述教育心得，分享教学感悟，把教师们从幕后推到台前，展现个人风采，收获同事的认可，从而让每一位同事拥有存在感、价值感。

（3）关注成长，为教师专业发展助力。对教师真正的关怀就是关注他们的成长，让他们的教育生活和教育生命更加多彩。学校通过各种方式助推教师的专业发展。例如对年轻教师，我们坚持狠摔打、多磨砺的原则，从课堂入手，通过听课、研课、磨课的方式，让年轻教师快速站稳课堂。关注教师们的成长，让教师们都感受到自己被关心，存在感增强。

◎ 坚持立德树人，激活学生德才兼备的源动力

学生管理是学校的重中之重。我们学校在学生管理方面，注重学生的自我管理，让每一个学生成为最好的自己。因为自我教育才是最好的教育，只有激活学生自我发展、自我完善的内驱力，学生管理才会实现精准有效。

（1）启迪学生的是非观念，形成自我的善恶标准。学校举行了"中学生十大最美行为""中学生十大最讨厌行为"的主题讨论活动，最终形成了统一的标准，公示到每一个班级，成为全体同学的行为指南，让每一位学生知道什么可为，哪些不可为，对照标准自我塑造、自我矫正，努力成为最好的自己。

（2）活动辅助，注重内化教育。任何管理最终都应该发挥出内化的功效，这才是有效的管理。各级部围绕管理内化这一目标，开展了富有个性的活动。比如初一级部针对起始年级的年龄特点，统一印制了"21天养成一个好习惯"手册，手册涵盖了中学生日常行为的各方面优良习惯，启迪学生对照手册，每天积极践行，培养良好习惯，为初中生活打好基础；初二级部帮助学生设计了"自我管理成长轨迹表"，便于学生从学习习惯、文明礼仪等各方面记录自己的成长轨迹，一周自我评定，找出差距及今后努力的方向，从而为个人成长提供清晰的路径；初三级部注重"内省教育"，针对学生在发展中存在的问题，级部通过主题讨论的形式，让每个孩子在"留言板"发表自己的观点，并通过漫画创作等形式，启迪学生辨别美丑，知晓是非，努力做最好的自己。这些活动都可以让学生自觉进行自我管理，从而实现管理效益的最大化。

（3）全员育人导师制，为学生健康成长保驾护航。劳店中学全体教职员工，把激活学生成才动力作为自己教育教学的首要目标，利用课堂教学、全员育人导师制，适时对学生进行人格的引领与情感的塑造。教师们利用学生作业中的留言台，与学生进行心灵的沟通交流，一句句富有激励性、温暖情怀的语句，时时让学生感觉到自己沐浴在教师爱的阳光里；教师们会在课余

时间，邀请自己导师制负责的同学，进行面对面沟通，询问学生生活状况，关注他们的心理成长；每逢节假日，教师们都会给所负责的学生打电话或发短信进行问候，给学生送去诚心的关怀。这些教育行为，给学生营造了非常安全的成长环境，也引领学生在享受这些关怀的同时，学会关爱他人，这是学生人格自我完善的重要途径。我们深知，一所学校关乎一千多个家庭的希望与未来，我们有义务让学生在学校养成良好的习惯，塑造健全的人格，培养学生发展个性与能力。我们更有责任铸造学生的灵魂，为每位学生一生的成长铺路。

◎ 弘扬优秀传统，永续师生砥砺前行的源动力

实施精细化管理、民主管理是学校的优秀传统。在核心素养时代，学校为了更好地达成办学目标和育人目标，继续弘扬优秀传统，给师生搭建发展的新平台。

（1）中层团队成员人人都有自己的"十项务实工作计划"。每学期开学前，每一位中层成员都会给学校提交一份属于自己科室管理的"十项务实工作计划"。这份计划，集中体现了每一位中层成员在常规管理、特色管理、创新管理方面的设想及具体的行动路径，基本体现了一学期所要开展的重点工作。这份务实工作计划，充分发挥了每一位成员的管理才能，既是一份承诺，也是一份深度思考。十项务实工作计划汇总后公示，请教师们监督执行。学期末述职时，对照十项务实工作计划，请教师们评价有没有落实，落实的效果如何，从而确保管理的连贯性，避免虎头蛇尾、雷声大雨点小情况的发生。

（2）在级部管理中，删繁就简，力求实效，实现了由干预到参与，由监管到指导的跨越，让每一个级部都拥有自己的精彩。

每一个级部都拥有自己的管理文化和管理理念。级部通过开展团队活动，设计了自己的团队 logo，并有自己的个性解读，形成了自己的团队口号，描绘了团队的美好愿景。级部还开展了"最受学生欢迎的教师"和"学生不喜欢的教师"标准大讨论，结合自己的教育教学行为，自省自励，然后制定出

各级部的教师行为标准，最终提炼为自己级部的管理理念。

每一个级部都有属于自己个性的创新管理活动。各级部根据学生年龄特点、思维发展情况等，相继开展了富有特色的管理活动。比如初一级部开展的路队教育，从小事做起培养学生的规范意识；初二级部针对"初二现象"开展的"中学生十大最美行为"讨论活动；初三级部针对本年级学生盲目模仿吸烟行为而开展的"拒绝烟草，美丽青春"专题教育活动等，富有个性，成效显著。级部有思想、有行动，我们学校就支持和配合。级部有成绩了，学校自然就光荣了。

◎ 整合社会资源，激活学校因势利导发展的源动力

办人民满意的教育，是学校一直不懈的追求。教育应该服务于社会，更应该借力于社会。学校整合社会资源，激活了学校发展的源动力。

（1）充分发挥家长委员会的作用。家长委员会是学校发展的重要协同力量。学校在出台一项重大决策之前，总会问计于家长委员会，征询意见，完善方案，并争取家长委员会在宣讲政策、措施推进时的支持，确保各项活动的顺利开展。

（2）充分发挥社会爱心人士助学的作用。社会上很多热心教育、关注学校发展的爱心人士，学校会积极为他们创设奉献爱心的平台。他们有的提供给学生科技活动等实践基地，有的义务传授非物质文化遗产方面的知识，有的定期到学校开展法律知识宣讲等，这些资源拓展了学生的视野，陶冶了学生的情操，提升了学生的技能。

核心素养时代，全面育人，和谐发展，需要不断挖掘学校源动力，学校才能实现可持续发展。相信山东省滨州市阳信县劳店镇中学在这一核心价值观的指引下，一定会培育出新时代优秀中学生，创办出优质的农村初级中学。

我们要做怎样的管理者

◎ 意识形态方面

做有思想的管理者，思想决定行为。人类没有思想，就像鸟儿没有翅膀。管理者要有独特的管理思想，有自己相对完整的管理思路和体系，不是复制别人的做法，更不是人云亦云、亦步亦趋地照搬或挪用。管理思想不是经验的机械叠加，而要把管理经验升华为思维的敏感及自觉。

做有韬略的管理者，韬略决定成败。管理需要雷厉风行，但绝不是武断与蛮干。管理效益的保证在于管理者有自己的谋略，有科学的手段。谋事在人，足以证明谋的重要。高明的管理者谋略在前，管理在中，决策在后。

做有眼光的管理者，眼光决定方向。管理者必须要有敏锐的眼光，洞悉管理的走向，更要有长远的眼光，不计较一时得失，还要有发展的眼光，高点定位，超前谋划，目光如炬。

做有规划的管理者，规划决定路径。高明的管理者懂得未雨绸缪、赢在起点的重要性，所以，他们会把规划做得很细致很扎实。我们做有规划的管理者，就是要在起点上做终点的思考，科学规划，具体到细节。

◎ 执行落实方面

做有行动的管理者，行动决定效果。管理不是空想，不是纸上谈兵，而是脚踏实地的过程。因此，我们必须要在新学期有切实的行动，不观望，不等靠要，不好高骛远，用行动说话，用成效验证。

做有团队的管理者，团队决定力量。管理是凝聚力量的过程，它需要独立的思考，更需要团队的支撑。新学期，我们的管理必须要充分挖掘团队的力量，不能个人主义，单打独斗，要相互补台，彼此助力，合作共赢，携手共进。

做有突破的管理者，突破决定视野。管理最大的问题就是小成则满，故步自封，满足既得，不思创新。管理者需不断地寻求发展新起点，破旧立新，始终让管理呈现出蓬勃的态势，敢于创新，积极实践，向自我突破致敬。

做有发展的管理者，发展决定进退。管理者最大的获得就是实现了自我的发展。我们在实际的管理中，实现自我能力的提升、自我修养的完善和专业成长的升华，达成管理的最佳境界。

专业精神 —— 好校长的信仰

为什么精神至关重要？国无精神不强，人无精神不立，毛泽东有句名言：人是要有一点精神的。整句话言简意赅，立意深远。"精神"是一种情怀，一种境界，一种品节，一种理想信念，一种价值观念。因此可以提出，专业精神应成为我们"名校长培养人选"的信仰。

◎ 治学精神

校长必须要有丰富的学识素养，掌握严谨的治学方略，有思想底蕴，有扎实内功，善于探究知识、研究学问。这是校长的底气，故排在首位。

（1）我坚信勤能补拙，学无止境。"勤学如春起之苗，不见其增，日有所长；辍学如磨刀之石，不见其损，日有所亏。"我加强理论学习，认真研读名家在校长专业成长及学校管理方面的最新思想，并做了大量的读书笔记，撰写了很多读书感悟发布在中国教育人博客上，每周的中层例会，我都会把自己一周的阅读、学习体会和中层团队分享，这成了我的一种习惯。阅读中思索，思考中践行，丰富了自己的理论储备，为开展具体的行动研究储备了营养。

（2）把专业研究当作自己成长的新起点。没有研究就没有深度的思考。我在工作中勤于研究，把教育管理、教学改革推进过程中发现的问题，作为课题研究的第一手资料。主持的综合性学习研究、学生综合素养评价研究、教师专业成长研究等课题，陆续被山东省教育科学研究院、山东省教育学会、滨州市教育科学研究院立项，目前取得了较为丰富的研究成果。

（3）一个思想独立的校长，才能走得更远。我在平时的学习与管理中，注重把研究的思考升华为自己的理论，我觉得这是一个校长完善自我、提升自我的重要途径。学习别人的理论，只能走得稳健，但不会走得更远。我把学习、管理的思索化为自己的理论，撰写了涵盖学生成长、课堂教学、学校文化等方面的论文，陆续发表在《创新教育》《教育家》《校长周刊》等刊物。

◎ 科学精神

校长的管理要尊重规律，遵守规则，教育思想与行为要合乎规范，不越界，不逾矩，有科学之标准，有规律之精准。学校的发展永无止境，这为我们的管理提出了更高的要求。我校在新的教育背景下，在发展中总结，在前进中收获。为了让学生的核心素养教育落地，我校在学科素养建设、学生素养体验等方面进行深入研究，通过开展主题论坛、核心素养节等活动，促进师生深入理解核心素养的基本内容，找准操作路径，做到有序推进。

◎ 工匠精神

校长之管理，必在于精细，考虑周密，有工匠之精雕细琢，有工匠之精益求精，更需匠心独具。

当下，教育进入了核心素养时代，我校与时俱进，在全体师生中进行了广泛的讨论与征集，站在精细管理的角度，细化分解，重新确立了我校的办学目标和育人目标。

办学目标：创建一所环境优美、文化浓郁、德智并重、师德高尚、学风优良、社会满意的农村优质学校。

育人目标：培养具有家国情怀、担当意识、健康体魄、勤学品质、创新精神、坚强毅力的新时代中学生。

两个目标是基于"全面激活农村学校发展的源动力"这一办学理念提出的，理念是先导，目标是动力，育人是目的，是我们学校全体师生的共同追求和价值取向，是我们师生的行为准则和行动指南，并逐渐成为我们奉行、践行的核心价值观，这也与中学生的核心素养内容及人才培养目标紧密相连。

◎ 创新精神

校长要有仰望星空、路遥千里的勇气和境界，勇于创新，乐于开拓，善于进取，不囿于即得，不止于当下，不满于眼前，不随波逐流，不小成则满。

◎ 担当精神

校长敢于担当、敢于负责、敢于作为：面对大是大非敢于亮剑，面对矛盾敢于迎难而上，面对危机敢于挺身而出，面对失误敢于承担责任，面对歪风邪气敢于斗争。

◎ 正义精神

校长要做社会公平正义的倡导者与践行者，褒奖优秀，树立标杆，弘扬先进，扬清激浊，传递正能，倡导正义。

专业精神应成为好校长的信仰。校长的专业精神，体现在面临复杂问题时的清醒头脑，体现在学校发展瓶颈时期的冷静分析、举棋若定，体现在对各种教育现象的去伪存真，还有对学校未来发展的准确定位。专业才能立业，精业才能创业。

尝试反向研究，提炼管理者领导力

按照滨州市教育局和阳信县教育局统一安排，我与我县 9 位管理干部于 2019 年 7 月 8 至 13 日在北京国家教育行政学院参与了为期 6 天的教育理论培训学习。整个学习过程给我留下了深刻的印象：课程高点定位，规划紧密，类别清晰，层次分明；所聘专家权威性强，独树一帜，个性鲜明，思想前沿；整个百人团队学风浓厚，纪律严明，秩序井然，政令畅通；每位学员勤学善思，明辨笃行，感情升华，人心凝聚。6 天的高端强化学习，让我更新了理念、解放了思想、增长了知识、丰富了阅历。

本次聆听的专家讲座有党建工作、《中国教育现代化 2035》解读、国际形势与面临的挑战、区域教育管理与发展探索以及全国教育大会的解读等，大部分都是从国际、国家的高度，让我们从高起点、广视角、多元化的定位，了解教育工作发展的广阔前景。东城区教育工委党校书记兼常务副校长陈靖教师在报告中指出建立党建工作机制，利用"三个下功夫"，激活党组织的"神经末梢"，让党组织具有组织力和生命力。外交部档案馆鲁桂成馆长从外交家的角度，分析了国际形势、中国最近二十年发展的机遇和面临的挑战，让我们感受到了不管是教育还是咱们每个个人并不是孤立的，是与国家命运紧紧相连的，只有国家强大起来，我们才能有事业，才能有未来，才能身体健康、幸福生活。教育部基础教育课程教材发展中心课程处研究员付宜红教授，报告为《中小学课程教学改革趋势与实践探索》，为我们展现了我国基础教育课程改革的发展历程，六大目标的落实差距，以及今后课程改革的走向，新课程下的课堂评价标准，强调通过改革促发展。北京小学翡翠城分校张文凤校长从校长课程领导力的角度，展现了一所美好的、幸福的、师生生命真正拔节的学校，让我们敬佩，也让我们羡慕，二十多年的校长经历，她共走过了四所学校，每所学校都能够坚持校长的主业 —— 通过课程建设成就师生、成就学校的美好，在她身上包容、自信、韧劲儿，正是我们每一个人所需要学习和坚持的。

记忆犹新的是，来自北京市西城区的王建宗校长，报告为《新时期学校管理创新与学校内涵发展》，鼓励大家担当新使命，展现新作为，努力做追求成功的教育工作者，要善于把握国家教育方针，善于创新管理方式方法，研发适合的工作模板，遵循规律，做专业型的教育人，尤其是有关个人专业发展和职业定位的方法论体系传授，让我与他产生了思维的碰撞：反向研究留存的有关管理智慧和管理经验的文本，回味凝练管理策略与管理思想。

静下心来思考，此行为何？是为丰富学识，修养内涵；更为革新求存，为滨州教育事业发展贡献力量，以实现凭借本次集训来提高自身管理能力的目标。返回工作岗位之后，及时梳理，积极思考，基于职业角色定位，基于个人主观意识，基于理论实践的感悟与反思，撰写了《管理者领导力的思考与探寻》。

◎ 思考力和思想力

思考是起源，思想是提炼。2018年在自己撰写的《我们要做怎样的管理者》这篇随笔中，彰显了思考力和思想力的首要地位。

（1）思想决定行为。管理者要有独立的管理思想，有自己相对完整的管理思路和体系：不是人云亦云亦步亦趋的复制或挪用；也不是经验的机械叠加，而是要把管理经验升华为思维的敏感及自觉。

（2）眼光决定方向。管理者要有敏锐的眼光，洞悉管理的走向；要有长远的眼光，不计较一时；更要有发展的眼光，目光如炬，见识高明。

（3）规划决定路径。管理者要懂得赢在起点的重要和赢在终点的必然。高点定位，超前谋划，在起点上做终点的思考，未雨绸缪，缜密思考。

◎ 执行力和组织力

执行是落实，组织是发起和指导落实。校长要抓全局，促全面，但并不意味着校长是"甩手掌柜"，在重要时期、重点岗位的关键节点，校长要带头执行，强化落实。众所周知，学期末是关键时期，是易发问题阶段，善于抓住这一环，是明智之举。每逢期末，一些工作我都会带领班主任团队亲自去抓好落实：一是抓集体风貌，抓班级精神，抓常规落实和习惯养成；二是抓人心凝聚，做思想统领；三是抓关键时间和关键地点；四是抓标杆引领和榜样带动；五是抓目标引领和比学赶超；六是抓安全教育，促平安和谐。

◎ 合聚力和向心力

合聚是包容，向心是凝聚。2018 年春季开学全体教职工会议上，我把倡议发言稿取名为《心系》，倡议大家心系集体，要有存在感、使命感和荣耀感，要做学校制度的守护者和学校发展的带动者；心系同事，感恩善待彼此，寻找领路人和知心人，胸怀正气，做事大气；心系学生，执着奉献，回归育人初心，将立德树人视为使命，教学和管理要充满情感、充满关爱、充满尊重；心系自己，懂得锤炼师德，懂得治学方略，懂得育人之道，懂得提升素养，懂得与时俱进，懂得目标引领，懂得职业规划，懂得强身健体，懂得找寻幸福。

◎ 解决力和达标力

解决是克难，达标是攻坚。如何提高解决力和达标力，下面四点是关键。

（1）行动决定效果。管理不是空想，不是纸上谈兵，而是脚踏实地的过程。不观望，不等靠，不好高骛远，用行动说话，用成效验证。

（2）团队决定力量。管理是凝聚力量的过程，它需要独立的思考，更需要团队的支撑。必须要充分挖掘团队的力量，不能个人主义，单打独斗，要相互补台，彼此助力，合作共赢，携手共进。

（3）突破决定视野。管理最大的问题就是小成则满，故步自封，满足既得，不思创新。管理者需不断地寻求发展新起点，破旧立新，始终让管理呈现出蓬勃的态势，敢于创新，积极实践，向自我突破致敬。

（4）发展决定进退。管理者最大的获得就是实现了自我的发展。我们要在实际的管理中，实现自我能力的提升、自我修养的提高和专业成长的升华，达成管理的最佳境界。

◎ 弘正力和团结力

弘正树风尚，团结汇力量。任何职业任何岗位，都离不开工作能力的激发和敬业精神的永续，在奖励机制匮乏和竞争机制凸显的当下，唯有弘扬正气，集聚正能，去发现和创造职业幸福。学校开展过"找寻身边的榜样"品牌活动，由校长亲自发现榜样的足迹，撰写榜样的事迹，最大化放大每位同事的优点，时间久了便发现工作中充满着"尊重、包容、理解、支持、鼓励、认可"等多种正能量的因子，一股股暖流涌在同事们心间，为形成团结的力量打下了坚实的根基。

其实，每一位管理者身上都有一种领导力，它有着共性的元素，更有着个性的特质，有的可以模仿，有的却不可复制，毋庸置疑的是，最好的领导力，便是用"最好的自己"去激发更大的能量，服务他人，成就他人，带动团队，取得持续的发展和成功。

第三篇　问道教学研究

——让教师更有"研究味"

教师应增强研究意识

教师成为研究者的提法，随着我国第八次课程改革的推进而逐渐深入人心。不过，在现实中，不少教师并没有把研究作为自己的专业生活方式，他们或者对研究冷眼相看，或者被动地参加研究，而内心对研究是抵触的。

在当下的学校语境中，教师研究往往被窄化成课题研究。不可否认，现在中小学校中，为课题研究而开展课题研究的现象较为常见，大家忙着申报立项和结题评奖，而对课题的研究过程相对淡化，而且课题研究往往在一纸获奖证书中或一声叹息并戛然而止。

有多少教师真正在课题研究中获益，得到成长，这个理应得到关注的环节，在学校功利性的教育科研运动中往往被选择性忽略了。有些学校有很多高级别的课题获奖，但是学校中很多教师并没有融入课题研究的大潮中去。在一些学校，课题研究成了少数人的专利。这样的课题研究，自然是小众的，是与广大的教师群体有隔阂的。在大多数教师眼中，研究无非就是学校的门面和点缀，跟自己没什么关系。

当然，有些学校非常重视教育科研工作，他们在"教育科研是第一生产力"的思想指导下，倡导"研究全员化，人人做课题"。从某种程度上说，这其实也是一种教育科研的"大跃进"，虽然表面上看起来红红火火，但是很多教师处于"被研究"的状态。学校缺乏必要的管理机制，只是要求教师在规定的时间内上交研究成果。不少教师在需要上交相关成果的时候，随意下载一些资料，拼凑一下应付了事。这种形式化的研究也加剧了大家对研究的反感，认为研究就是那么回事，是部务实的，是形式主义。

对教师来说，只有研究自己的实际问题，用来改进工作，提升自我，这样的研究才真正有魅力。只有教师自己有研究的意愿，学校进一步搭建平台，这样才能真正促进教师的研究。

教师的研究不一定是正经的、规范的课题研究，也无须在意课题的级别，不一定要采用所谓正规的课题研究形式，也并不一定要形成什么研究成果。只要在研究中对自己有所启发，让自己有所提升，就是有效的研究。

郭元祥教授在《教师的20项修炼》一书中把"教师的研究"作为其中的一项修炼，并称之为教师的专业发展必由之路。他认为："教师要对自己所从事的教育工作领域保持经常的关注。如果你从事教育教学管理、德育等工作为主，那么学校管理、德育就是你应该经常关注的领域。"对学校中层以上管理人员来说，如果对自己分管的领域中大家所关注的热点和难点问题、别人在这方面取得的成绩都一无所知，是很难把自己的工作做好的。可见，无论是一线教师还是学校管理人员，都可以依托研究把自己的工作做得更好。

厦门市教育局副局长、特级教师任勇著有《研究让教育更精彩》一书。他在《中国教育报》上发表的一篇文章中提到，他从一名普通的师专生成为一名特级教师、教育局副局长，原因有很多，但很重要的一条是进行了教育研究。

他自身在研究的状态下工作，取得了不少成果。因为研究，他的班级管理上了台阶，数学教学成绩显著；因为研究，他在学校管理方面走向了科学化、制度化、人文化，学校得到了长足的发展；因为研究，他到了教育局后，能迅速地把握所分管工作的规律和要求，不断占领分管领域的制高点，不断跃上教育发展的新平台。任勇教师在担任普通教师、校长和教育局分管副局长的不同阶段，研究的重点不同，但相同的是通过研究，把各项工作都做得更好。

我们教师应该有强烈的"研究意识"，把教育教学工作自觉地纳入研究的轨道。任勇教师的研究经历告诉我们，学校中的研究领域是很广泛的，学校管理、班级管理、学科教学等方面的现实问题都可以成为研究内容。

只要我们有了这样的"研究意识"，我们就和研究"零距离"了。当然，光有"研究意识"还不够，关键是要通过"下水"实践，扎扎实实地开展研究，在研究中提升自我，提高教育教学效果。

如何寻找自己的"研究点"

正如矿工采矿要找到"矿眼"，记者写稿要找到"新闻点"，教师研究也应该找到自己的"研究点"。这样，教师才能在日常的教育教学工作中更好地用研究的眼光去看问题，在研究中改进工作，提升自我。那么，教师应如何找到自己的"研究点"呢？这是值得有志于教育研究的教师思考的。

◎ 在自己的工作实践中找到"研究点"

教师的研究不是为了创造概念，而是为了改进工作，提升自我。因此，教师的研究要基于自己的工作实践。这样，教师在工作实践中碰到的困惑或者想形成的亮点，就可以成为自己的"研究点"。可见，在教育教学工作中，教师可以结合自身的实际，找到自己需要的"研究点"。有了"研究点"，教师的研究就有了中心，就可以围绕这个中心，开展实实在在的研究，在研究中破解现实困惑，形成特色亮点。

现在的教育面临着很大的变化，教师在工作中会碰到很多现实的挑战。以班主任工作为例，只要用心，就很容易找到有价值的"研究点"。比如班主任面临本班学生沉迷电子媒体的现象，如何让学生学会合理使用电子媒体，做好这些工具的主人而非奴隶；又如班主任如何发挥好班级博客在促进班级凝聚力中的作用，进一步加强班集体建设；再如，现在很多家长都在使用微信，如何让微信在家校沟通中发挥作用，也是很值得研究的。这些在教师工作实践中碰到的现实问题，都是很好的"研究点"。

张天雪等著的《教师身边的教育科研》一书中提出了很多研究视角，如"从学校变革中进行研究""从课程开发中进行研究""从日常教学中深入研究""在德育创新中进行研究""从班级经营中进行研究""在参与学校管理中进行研究"等，都是教师可以进行的身边的教育科研。这也充分说明，在教师的日常工作实践中，是有很多"研究点"的，只要我们留意，就可以找到自己的"研究点"。

◎ 在各类培训研讨中找到"研究点"

教师要经常参加各类培训和研讨，并且用心参与这些活动，以便从中找到自己的"研究点"。有时候，培训者不经意间的一句话，或许就会引发你的思考，引起你的强烈关注。比如教研组的观课议课活动，在大家的交流中，激发你去尝试一下新方法的愿望。这样，就让自己进入了一次自觉的微研究状态。特别是有些学校承办的区、市级教研活动，那些上展示课的教师经过精心准备的课，会给大家带来新的启发，也更加容易让教师找到"研究点"。

◎ 在阅读与思考中找到"研究点"

阅读，可以让自己对教育的热点问题和学科的最新动态有清楚的把握。这样，可以更好地审视自己的日常教育教学工作。

阅读会带给自己更多思维上的碰撞，帮助自己了解学科和教育的最新动态。在此基础上结合自身的教育教学实践，形成"研究点"，闯出研究的新路子。阅读，既是促进教师专业成长的重要途径，又往往成为一项研究的新起点。可见，当自己找不到研究点的时候，不妨在阅读中找找灵感。

"不知道研究什么"，这是很多教师远离研究的一个理由。其实，只要我们用心，在我们的工作现场，在我们参与的培训和研讨活动中，在我们的阅读和思考中，都有无数的"研究点"等待我们去挖掘。我们应该明白，只有找准适合自己的研究点，找准自己需要的研究点，开展踏踏实实的研究，才能真正过上一种研究的生活。

在小课题中做出"大学问"

2013 年 9 月至 11 月，《中国教育报》共分 6 期刊发了河南省郑州市教育科学研究所研究员胡明远的"小课题研究系列"专栏。该系列文章对小课题研究的意义、实施方式、注意事项等进行了具体的阐述，对广大一线教师更好地开展小课题研究具有很强的指导意义。

小课题指的是教师个人承担的研究课题，主要是与各类规划课题中的集体课题相区别，具有周期短、灵活性强的特点，与教师的教育教学实践联系更加紧密。不过，媒体上和教育科研部门所指的小课题，往往都是指纳入教育科研管理部门管理的各级小课题，具有一定的局限性。

小课题也有很多"马甲"，比如南京市叫个人课题，有些地方叫微型课题。南京市是全国开展个人课题最有影响力的城市，南京市教科所自 2004 年就开展个人课题研究，南京市教科所原所长刘永和也在公开刊物上发表了不少有关"个人课题"的研究成果。《中国教育报》2010 年 12 月 29 日以"风起云涌的南京'个人课题'"为题对南京市的这一实践做了整版介绍。2011 年 1 月 3 日《中国教育报》以"'小课题研究'：教师快速成长的有效途径"为题，刊发了浙江省教科院方展画院长等撰写的浙江省淳安县区域推进小课题研究的经验。

小课题、个人课题或微型课题，对教师个人开展的小规模课题究竟以何为称谓并不要紧，关键在于这类课题是促进教师专业成长的有效载体。

比如 2013 年浙江省优秀教育教学论文评选中，《合理编排座位，减少"后排"现象》获得了一等奖，并作为唯一的一篇范文在《浙江教育报》全文刊发。这篇文章是作者开展的德育个人小课题的研究成果，关注的是编排座位这样的小事。这样的小问题，居然还出了大成果，得到专家的认同并在全省推广。编排座位是每个班主任都要做的常规工作，可见，用研究的眼光去看待我们日常的教育教学工作，还真的能挖出"金矿"来。在研究的状态下，教师就会有很多新的发现，收获意外的惊喜。

不过，有一点值得注意，无论是南京的个人课题，还是浙江淳安的小课题研究，其背后都有当地教育科研部门的强力推动。这两地的个人课题和小课题都是正儿八经的课题，纳入当地教科部门的课题管理范畴。也就是说，这些课题都是有"户口"的，也是需要经过立项申报、结题评审等环节和程序的，只是课题研究的内容范围和承担的主体不同而已。事实上，能真正有这样机会的教师也不会太多。比如浙江省宁波市已连续五年开展了宁波市德育个人课题的申报立项，前四届的评选结果也已经出来。一般而言，每所学校最多有 2 人能获得市级立项，有的学校可能颗粒无收。的确，教育科研部门通过开展个人课题研究管理，为教师提供了与自己适合的研究亲密接触的机会。不过，由教育科研部门纳入管理的小课题研究，数量毕竟有限，说起来是僧多粥少，能真正参与其中的教师也不多。

因此，教师对小课题的关注，不能只把眼光聚焦于那些有"户口"的。其实，开展小课题研究完全可以成为教师的一种专业生活方式，成为自我提升的重要拉手。教师做适合自己的小课题研究，也不一定要在教育科研部门那里立项，不立项同样可以做出成果。从这个意义上来说，教师开展自助的、草根式的小课题研究，是真正落实教育科研全员化的有效载体。这种形式的教育科研，应该是去功利的，注重实效的，教师主动参与，具有可持续发展性。教师在这样的研究中，往往会在不经意间能尝到甜头，进一步激发自身参与研究的热情。

如 2014 年获浙江省优秀教育教学论文评选一等奖，并在《浙江教育报》全文刊登的范文是《让小学语文低段课堂动起来》。这篇文章的作者是一所农村小学的教师。这篇文章其实就是作者在日常的教学中，注重对提高课堂教学的趣味性和实效性的一种探索。论文大赛的评委，浙江省教科院方展画院长认为："这篇论文未必写得有多么好，但它只用了一个'动'字，就体现了对教育的探索，有一些新意。我们希望教师的论文能够落地，有一些论文纯粹讲道理，满纸都是'重要性'，没有讲'我怎么做'。"的确，中小学教师只要用心，在自己小小的一亩三分田里，也能挖出大宝藏来。从这篇文章获得好评来看，教师不论处在哪种类型的学校，都可以开展属于自己的小课题研究，只要做得精彩，就能赢得掌声。当然机会是需要去争取、去努力，不是所有的教师都有这位农村教师这么好运，但是只要在研究中获得真东西，就有机会得到认可。

因此，对广大教师而言，有机会参与官方"钦定"的小课题研究固然是好，这样可以让自己在研究过程中参与相关的培训，得到相应的学术支持。但是自己做小课题研究，不追求立项和评奖，同样也可以做得有滋有味。自己在实践中遇到的困惑，自己感兴趣的话题，都可以称为研究的对象。没有立项的小课题照样可以出成果，照样可以改进自己的教学，照样可以让自己成为有研究成果的教师。

在研究中提升职业幸福感

教师的研究，既是促进自身专业成长的有效途径，也可以提升自身的职业幸福感。如果从提升职业幸福感的角度来看待教师的研究，那么我们更应该把研究作为自身的一种生活方式了。

近年来，教师的职业倦怠越来越受社会各界的广泛关注。早在 2006 年，《中国教育报》就连续用 5 个版面关注过教师的职业倦怠。近几年，多家教育媒体也曾多次关注过教师的职业倦怠和职业幸福的话题，可见这的确是一个广受关注的现实话题。由于教师职业的特殊性，教师是否能享受职业幸福，会在很大程度上影响学生的幸福。而且，与其他助人的职业一样，教师是最容易出现职业倦怠的群体。教师的职业生活具有重复性，与外界的联系相对较少，缺少必要的支持系统，如果自身不注意调节，就容易出现职业倦怠。教师一旦出现职业倦怠，那就难以享受职业幸福了。而积极参与研究，是教师化解职业倦怠、提升职业幸福的有效途径，值得大家去实践。

◎ 在研究中破解"新问题"

教育是面向未来的事业。如何应对未来的挑战，其实教师是没有现成经验的。教师不能拿以前的经验来教今天的学生去应对明天的挑战。教师面临着越来越大的压力，教师的工作面临着很多不确定性。现在的教师，在现实中的确也遭遇了很多以前没有碰到过的新问题，往往是没有现成的经验可以借鉴的。

很多教师感慨现在的学生越来越难教，这是一个现实问题，无须回避。今天的学生所处的成长环境不一样了，作为数字时代的"原住民"，他们的生活中有着很多比学习更有吸引力的东西。他们的视野更加开阔，他们获得信息的渠道也更多，而且成人社会的一些不良行为在他们面前也一览无遗。因此，教师如果还拿原来的"武器"来应对现在的学生，那么他在学生面前就没什么威力了。在今天，如何让学生服你，也成了教师的一个现实课题。因此，有研究者认为，研究具体的学生，应成为教师研究的主要内容，这是很有道理的。

教师面对"新问题"和新挑战，只发牢骚和抱怨是没有用的。教师唯有用研究的态度来对待自身的日常工作，提高日常工作的研究含量，才能更好地在探索中破解工作中面临的"新问题"。

◎ 在研究中提高"新技能"

教师的研究具有不可替代性，有包产到户的性质，必须自己用心去做，才能取得成效，才能获得成长。比如教师的研究需要阅读大量的资料，有了大量的输入，经过自己的转化，才可能输出有价值的成果。这个过程是不能被代替的，必须由教师自己完成。同样，教师在这个过程中也能获得真正的成长。

今天的教师还面临着专业水平不高的现实境遇，而专业性是一个职业赢得尊重的必要前提。对教师而言，专业水平要体现在运用好教育学、心理学的知识，实现这些知识在教育教学中的转化上。教师实践性知识的获得和内化，是需要在教育教学的具体场景中完成的，其实，这也是一种实实在在的研究。教师在这方面的研究，可以切实提高自己的专业技能，帮助自己更好地完成教书育人的任务。

教师应在研究中提升自己的专业水平，在研究中提高解决新问题的能力。毫无疑问，一个教师专业水平越高、越容易应对教育教学工作中的各种挑战，从而越能赢得职业的尊严，让自己更好地享受职业幸福。

◎ 在研究中过上"新生活"

教师做研究，是跟自身的教育教学工作紧密结合在一起的。如果不用研究的眼光去看待日常的教育教学工作，教师的职业生活的确是日复一日，严重缺乏挑战性。一旦教师的工作中增加了研究的含量，那么情况就大不一样了。因为，在教师教育教学实践中，有很多问题值得教师去研究。客观地说，研究是需要投入的，还具有一定的挑战性。正是因为有一定的挑战性和不确定性，研究可以丰富教师的生活，改变教师工作的重复性，多了更多的未知和期待。教师开展研究，必然要将阅读、反思、写作有机地结合起来，可以让教师的精神生活更加丰富。

研究，让教师自己需要关注的领域，可以自得其乐。借助研究，教师可以参加各类研讨，扩大自己的交际圈子，结识更多的人。也就是说，研究可以让教师跳出原有的思维和交往的局限性，让自己生活在一个拓展的空间里。因此，过一种研究的生活，就是进一步扩大了教师生活的精神空间，让我们的精神成长增加了很多的可能性。

教师做自己的研究，可以让自己在现实的、逼仄的环境中多一份从容和淡定，多一点追求和探索，让自己拥有一方醉心其中的小天地。可以这么说，研究可以帮助教师过上一种"新生活"，以应对日常工作中的琐碎和重复，让自己的职业生活变得更加丰富。

因此，做真正的研究，过一种研究的生活，可以让教师在其中提升自己的职业幸福，帮助自己过一种幸福完整的教育生活。

《人民教育》2014 年刊发的一篇文章指出，从事教育科研是一项增进教育附加值、让职业生涯变得更有意义的工作。这句话很值得我们思考。

提高研究的技术含量

教师的研究虽然谈不上"高精尖"，但也必须要有一定的技术含量，这样才能提高研究的实效，更好地发挥研究的作用，从而享受研究之乐。

◎ 善于利用文献检索

教师的研究，虽然是为了改进工作、提升自我，但也绝不能坐井观天，独自战斗。教师的研究，完全可以在他人已有的研究上进行，这样可以进一步明确自己的研究方向，提高研究的效果。教师在研究中，学会利用期刊网检索资料是非常重要的。有些教师习惯于"度娘"，这在研究中是远远不够的。通过"度娘"找到的资料往往参差不齐，而且很多有质量的研究成果并不是通过"度娘"就能找到的。

在研究中，教师要学会熟练使用"中国知网""维普资讯""万方数据"等网站资料。在这些期刊网中，中国知网的功能最为强劲，除了收录期刊发表的文章外，还收录了主要报纸上发表的文章和学位论文。目前，中国知网收录的《中国教育报》等报刊上发表的文章都是免费下载的。另外。在中国知网上查到相关的文章，不妨在百度上搜索一下标题，因为有些作者会把自己的文章放到博客上，如果按图索骥，或许能找到有价值的资料。

有一点必须引起教师们的重视，即大家对常见的教育综合类刊物和自己学科的主要刊物要有所了解。被中国知网收录的期刊并不一定都是有品质保证的，有的只是类似于论文集的刊物，发表在这种刊物上的文章未必能提供太多的参考价值。教师在选择参考文献的时候，要考虑它从哪里来，绝不能被看起来很美的文献迷糊了眼。因此，教师对常见的教育刊物要有所了解，这样才能让自己具有敏锐的鉴别力，选择合适的参考文章。

有专家认为，中小学教师在教育研究中不善于借助文献资料，有的人甚至没有文献资料研究的意识，这对教师的研究造成的影响是显而易见的，主要表现为"理论偏弱""重复性偏多""创新性偏少"等。如何借力文献资料为我们的教育研究服务，提高教育研究水平，是值得教师们关注的。

◎ 掌握常用的研究方法

教师的研究虽然不需要刻意追求研究的身份和级别，但也不能率性而为，需要采用科学的方法，这样才能使自己的研究具有科学性，走正研究的路子。教师要掌握一些常用的研究方法，以提高自己的研究质量。

对教师的研究而言，教育观察法、调查研究法和案例研究法是最常用，也是非常实用的方法。

教育观察法是指凭借自身的感觉器官和其他辅助工具，在教育活动的自然状态下，对研究对象进行有目的、有计划的考察与研究的方法。比如现在比较流行的课堂观察就是教育观察法在实践中的运用。对教师而言，自身就处于教育研究的田野中，在使用教育观察法上有着天然的优势。

调查研究法主要通过设计调查问卷和访谈提纲，获得研究所需的第一手资料。调查研究法对教师也是很合适的。不过，如何设计科学规范的调查问卷，这是课题研究中的一个很重要的技术活，需要用心去掌握。

案例研究法的主要任务是揭示个案形成的变化特点和规律以及影响个案发展的原因，并且提出相应的对策。案例研究是教师专业成长的阶梯，可以通过一个个具体翔实的案例来解读教育教学中的问题，提出化解问题的方法，提高自我反思能力，切实提高教师的实践智慧。

◎ 提高总结提炼的水平

教师在研究中，需要对成果进行一定的提炼。有科学价值的经验总结一般要经过教育经验事实的积累、筛选和理性提炼这三个阶段。第三个阶段在教师的研究中占有十分重要的地位，如果教师在这方面的能力不强，研究的整体水平自然也会受到影响。

因此，教师要学会使用课题研究的术语，善于从具体的材料中提炼出具有一定研究价值的观点，这样在扎扎实实的研究的基础之上，也会形成"高大上"的课题研究成果。课题研究的最后成果是需要用文字表达出来的，这个课题研究的"最后一公里"，是非常值得关注和思考的。

教师可以多关注一些获奖课题的研究报告，看看获奖的研究报告在成果的提炼上有什么特点，好在哪里，自己在总结提炼时应该注意什么。

教师提高总结提炼水平，有助于让自己的研究走出去，提高研究的影响力，并进一步激发自身参与研究的热情。

提高研究的技术含量，可以让教师的研究更具"科学味"，可以让教师在高质量的研究中加快自己成长的步伐。

一种提升的教育生活

◎　珍惜一种提升的成长环境

一个人是谁不重要，但和谁在一起很重要。我们都很幸运，在成为谁的路上，遇到了"三名工程"这个富有生机与活力、充满智慧与潜能的平台。还记得"联想领导力提升班"上领悟到的那句"和优秀的人，在一起"，更是让我们找到了共同的使命与担当。几年来，我借助这个平台，学习到了自我提升之道：加强个人修为远胜于把控他人。只有让自己变得优秀，你才拥有强大的力量。借助这个平台，我学习到了治学管理之法：不断地开掘出学校发展的潜力，让合适的人做合适的事，在正确的时间做正确的事，站在起点做终点的打算；管理重在理，主要是理轻重，理脉络，理方法，理得失。

借助这个平台，我走到了更远处，看到了名校的风采，感受到了教育的博大精深。教育，真的是永无止境。

◎ 锤炼一种提升的教育视野

眼睛看得到的地方，叫视线，眼睛看不到的地方，叫视野。我们都不是教育家，但借助工程得以领略了教育家们的风采，也尝试着借用"教育家的视野"，兼容并蓄，吸纳教育精华，熟稔教育思想，为我所用。三名工程的理念是"生命与使命同行"，我觉得恰恰也是我们需要锤炼的教育视野：尊重每一个生命，让每一个生命在我们学校绽放出光彩，这是我们的终极使命！成长，就是一个不断地为自己承担起更多责任的旅程；而教育，就是一个不断提升自己、拓宽视野的过程。因为我们是校长，我们的视野，决定着教师们的视野，我们的视野，也决定着学校发展的视野。因此，提升视野，责无旁贷！

◎ 寻求一种提升的办学理念

一所学校，必然要有自己的灵魂。我们不能构建一所没有灵魂的学校。学校的灵魂在哪儿？有的人说是在校长身上，我认为是在办学理念之中。办学理念，是一个追寻的目标，是一种传承的思想，更是一种积淀的文化。一个校长，得让每一位教师感受到这种目标的存在，感觉到这种文化的存在。加入"三名工程"几年来，我致力于和同事们构建了一种旨在提升学校内涵发展的办学理念：激活农村学校发展的源动力。我们将这份源动力分解为：构建全方位课程体系，激活学校长远育人的源动力；打造优质课堂，激活优质教学恒久的源动力；力促自主发展，激活教师专业成长的源动力；坚持立德树人，激活学生德才兼备的源动力；弘扬优秀传统，永续师生砥砺前行的源动力；整合社会资源，激活学校因势利导发展的源动力。我们不断把这份源动力的理念，践行于实践之中，引领全体同事切身感受办学理念带来的发展源泉，让教师们在自我提升中有动力可激发，有目标可达成，有职业幸福可体验，共同营造一种风正气顺的人文环境。

◎ 铸就一种提升的治学精神

个人认为，摒弃功利，砥砺前行，是"三名工程"的核心思想。"三名"之名，不是虚名，而是明明白白做教育之明，为学生美好明天奠基之明，为学校发展选择方向之明。这预示着，在三名团队中，应铸就一种提升的精神，而我选择的这份精神，叫作"向自我突破致敬"。劳店镇中学历经了几十年的变革与发展，在阳信教育也早已站稳脚跟，但学校和教师的发展必然会出现瓶颈期，因此我们须提前思考，找寻学校的自我突破点。在核心理念的引领下，学校扎扎实实地做了以下几件要事：一是打造了我们学校的多元课程，构建了我们的特色课程体系，解决了"培养什么人"的出发点问题，并以此找寻素质教育与学科教育的结合点；同伙伴学校一样，我们也一直在审视、重视课堂的打磨与有效教学方略探寻，提出了"137"课堂教学模式这一指导理念，鼓励支持教师们形成独有的教学特色；创新了班级管理，让小班自主管理提升实效；力推扁平化管理搭建级部管理体系，力求均衡发展，并驾齐驱；完善了德育管理体系和学生习惯养成体系，为教育质量提升保驾护航。学校近年来的稳步提升，就得益于全体师生有了这种自我突破、自我超越的精神。而我也相信，"三名工程"永远属于踏踏实实、默默前行的人，更属于不断超越自我的人。

◎ 制订一种提升的行动计划

我们都是三名人选，我们肯定对"三名工程"每一年开展的活动都记忆犹新。因为"三名工程"有着明确的行动计划：大到人员选拔、集中培训，小到协作组活动，都做到了安排细致，行动有规。这使得"三名工程"始终可以有序推进。只有制订明确的行动计划，才能做成大事。每一所学校都有自己的行动计划，那是学校发展的纲领。加入"三名工程"，我也汲取了这方面的营养。每年都会带领同事们制订本学年的十项行动计划和个人务实工作计划。

◎ 树立一种提升的育人意识

"三名工程"的终极目标，就是让教师们在自我成长的同时成就学生，让学生最终受益。这和我们的育人目标不谋而合。而这种育人意识，需要三种意识支撑。一是质量意识，这是学校的生命线。具体包括注重分工合作，优化捆绑评价，向学科凝聚要质量。改进教学方法，优化课堂教学，向教学过程要质量。加强学法指导，培养良好习惯，向学习管理要质量等方面。二是规范意识，这是学校有序发展的保证。具体包括规范养成教育、规范优质课堂、规范综合考核三个方面，让我们的教育行为在规矩、规则中稳步推进。三是创新意识，这是学校永葆活力的源泉。具体包括课程创新，继续研发我们学校的德育、科技、才艺课程；课堂创新，实施助学案改革，实现了五案一体；教师发展创新，教师成长工程，力促学科名师；教学管理创新，学生每日成长轨迹记录表，星级班级管理，让管理更有抓手。相信，以提升育人意识为宗旨，会让我们的教育走得更稳健。

◎ 立足一种提升的发展需求

"三名工程"的目标是培养阳信未来的教育践行者。但我相信"三名工程"只有起点，没有终点。教育也是这样，没有终点，只有起点，没有顶峰，只有攀登。这就对我们"名校长工程人选"提出了更好的要求。我们自身的成长没有止境，而我们学校的发展也是如此。反观我们的学校，或多或少都存在一些不尽人意的、亟待突破瓶颈的问题或现象，这是我们重点思考的课题。就我们学校而言，当下也有一些发展的瓶颈，困扰着我们。比如优质有效课堂的走向问题，我们的课堂可能更多的是培养了会考试的学生，但我们的课堂名师还很少；比如教师的职业倦怠问题，我们激发教师发展动力的跟进措施还不细致，还未能触动根基。我想这些问题，也给我们的管理提出了更好的要求、期望和挑战。它促使着我们不懈怠，不放弃，永续前行。

◎ 追寻一种提升的凝心聚力

"三名工程"不是一个人的事儿，而是属于我们大家。因为我们是一个团队，是一群志同道合的人力量的汇集和凝聚。我们学校的发展，也是如此，我们应该不断的追寻一种提升的凝心聚力。我们校长，不仅是各种资源的发现者和整合者，更应该是凝聚者。我曾经提出这样一种理念："务远求和" —— 致力于以和为贵，走得更远。师生和谐，才能凝聚合力。得道多助，何谓道？凝聚人心是也！凝聚人心，汇聚力量，促进和谐，是我管理的座右铭，虽然做得还远远不够，但却要持续做下去。

牢记初心使命，做有生命力的教育

《精细化管理》的作者汪中求说："中国绝不缺少雄韬伟略的战略家，缺少的是精益求精的执行者，绝不缺少各类规章管理制度，缺少的是对规章制度不折不扣的执行。"学校精细化管理就是要把学校的管理工作变成常态化，让全体教职员工各司其职，各负其责，优化每个细节，精心、高效地完成各项教育教学任务，打造管理先进的精品学校。

◎ 推行精细化管理，要求思想观念要更新

精细化管理倡导关注细节、精益求精的工作态度。学校常规管理从教学、教研、人事、财务到后勤等方面都是由一个个细节组成。因此，要把好思想关。我们以《山东省义务教育学校管理标准》104 条作为着眼点，全校师生确立"精细化"的理念，认识到精细化管理既有利于学校的长远发展，又有利于个人改变做人做事的不良习气，从而树立良好的学校声誉、师资形象。落实精细

化管理的要求，必须全员参与，做到人人都管理、处处有管理、事事见管理。全体教师利用班会对学生宣讲精细化管理的意义，充分利用板报、宣传橱窗、广播站、信息栏等阵地，营造精细化管理的氛围。通过校本培训、参观学习、榜样示范等一系列措施，引领全体教职工全面理解精细化管理的精髓，自觉把精细化管理理念融入教育教学各个环节中，进而积淀为一种学校文化。

◎ 推行精细化管理，要求目标定位要明确

推行学校精细化管理，必须精密制定学校发展总体规划、目标和阶段性计划，让全体教职工有个明确的工作方向和要求。为此，我们学校除认真贯彻党的教育方针外，逐步形成了"沐浴生长的阳光，享受成长的快乐，做有生命的教育，育有生命力的学生"的办学愿景，树立了"厚德、爱育、尚美、求真"的办学宗旨。在推行精细化管理过程中，立足校情，制定了《洋湖乡中心小学三年发展规划》，精确定位学校可持续发展目标，让教师各尽其能，各显其才，各履其职，努力形成以制度管人、以制度管事、以制度管物的管理理念。

◎ 推行精细化管理，要求执行过程要精细

学校的美好愿景只有落实到每项工作的执行细节上，才能实现学校的规划目标。一所学校要推行精细化管理，就应该注重执行力的培植。

一是对学校所有分管领导进行详细分工。把学校各方面工作全覆盖，不留死角和盲区，做到事事有人管。

二是分管领导进行制定"日、周、月、学期工作安排表"。每位领导工作细化到日、周、月、学期具体干什么。以日工作为例，每天必看县局教育管理平台、学校公众号、学校领导群或微信群，及时了解工作动态，上下政令畅通，步调一致。

三是分管领导制订周工作安排计划。每周五，分管领导要详细制订下周具体工作计划，有常规的，还有结合主管部门临时安排的。该计划以表格的

形式体现，包括完成主要工作、采取措施及具体到个人等。

四是分管领导制定各项考核细则，向教师广而告之。学校层面对各分管工作最后列入年度考核分值所占权重都做了详细规定。其目的就是全面考核一个教师，改变了以往以教学成绩定高低的做法。

五是过程管理。主要是以每月月工作安排为考核内容，一月一重点，一月一考核。这需要开好两个会：每周领导班子例会、每月领导班子和教师总结例会。同时，我校还规定，每位领导有一个每日工作纪要。月末上报月工作总结。总结也是以表格形式出现，主要内容有月工作完成情况、亮点工作、没完成工作原因、存在问题等。此宗旨就是让各位领导月初有一个打算，月末有一个总结，由办公室汇总，形成月报。

◎ 推行精细化管理，要求学校课程发展精品化

我校坚持以"沐浴生长的阳光，享受成长的快乐，做有生命力的教育，育有生命力的学生"为指导思想，逐步探索"2+4+X"课程体系下的弘毅课程，积极开展教研研究和校园文化建设，提升学校的内在气质和外在形象，努力创建精品学校。

（1）德育教育引领学校走上精品化。创建精品学校要以德育为先。我校坚持立德树人的德育目标，全面实行全员德育目标管理，落实每位教师德育任务和责任，结合滨州市中小学综合素质评价实施办法，实现线上线下相结合的评价模式。全面推进学生综合素质评价，使学生在争"星"的过程中受到教育，让"星级学生"真正起到榜样的示范作用。坚持少先队执勤制度，广泛开展丰富多彩的校园文化活动，力求"重要节日有主题、常规活动有品牌、校园文化有特色"，树立良好的校风、教风和学风，培养学生良好的思想道德情操、良好的行为习惯和学习习惯。加强国旗下讲话教育，表扬先进，批评后进，促进学生思想素质的提高。

（2）文化建设引领学校走上精品化。创建精品学校要坚持文化立校。校园文化是一所学校可持续发展的品牌。以建设"弘毅"文化为目标，进一步优化文化环境布局，重点在办学理念和文化的融合、文化对师生的影响、文

化与课程的结合上下功夫，及时充实文化内容，提炼了楼寓文化、长廊文化、班级文化、路队文化，宣传橱窗内容常换常新，力求每面墙壁成为师生学习之友，每个栏目成为求知之窗。

（3）教学科研引领学校走上精品化。创建精品学校要以教学科研活动为基础。学校实施领导包年级、包教研组制度，通过不断改进，形成了"123"教研模式。学校将每周四下午定为集中教研时间，倡导新的教学理念，坚持构建高效课堂，把提升质量的关键放在课堂教学之中，既重结果又重过程。严格要求教师从规范课堂语言、板书内容做起，抓实课堂教学流程。鼓励教师运用现代化教学手段呈现教学内容，课堂体现"136"课堂教学模式，运用思维导图和导学案，充分发挥学生在课堂中的主体作用。

（4）教师专业成长引领学校走上精品化。教师的专业成长离不开学校这块土壤，学校的教学质量离不开教师的整体素质，为了充分发挥学校骨干教师的传、帮、带作用，促进青年教师迅速成长，我校实行"教研五课制"，即新进教师展示课、骨干教师示范课、青年教师展能课、外出教师汇报课、全体教师推门课。做好教师成长规划引领，着重抓好课堂技能、模式应用、教学反思、经验总结等内容，整体提高队伍业务水平；学期初，聘请县教研室全体领导做新教材培训，助力青年教师快速成长。在本次视导中，其中11节课被评为优课。

（5）综合实践引领学校走上精品化。创建精品学校目的是为了培养高素质的人才。劳动教育是中国特色社会主义教育制度的重要内容。为全面贯彻党的教育方针，坚持立德树人，把劳动教育纳入人才培养全过程，实现知行合一，促进学生形成正确的世界观、人生观、价值观。我校以"2+4+X"课程体系为契机，结合学校特色、区域特色，创造性地开发、专门开设了综合实践劳动基地，实施综合实践活动课程，让学生有动手解决实际问题的场所，培养了学生的观察力和体验社会能力，让学生学会自立，学会合作与探究。

彼岸花开，未来可期！实施精细化管理，我们一直在路上！我和我的团队将继续向专家学习，向优秀学校学习，增强使命担当意识，不迷茫于乱象，不停留于指责，不悲观于未来，不消沉于当下。敢于从荆棘中突出重围，敢于从杂草丛生中营造出偏远农村教育的春天，牢记初心使命，奋进复兴征程，做有生命力的教育，育有生命力的学生。

当前农村小学英语教学面临的困难及对策分析

◎ 当前农村小学英语教学面临的困难

1. 实践环境缺乏

从当前情况来看，在我国农村小学中，因为缺乏有效的英语实践环境，严重影响了学生的英语学习。大部分的农村小学生，只有在英语课堂中会讲英语，而在课外，根本没有讲英语的机会。再加上农村地区的家长文化水平普遍较低，自然无法讲一口流利的英语。在缺少英语环境的锻炼情况下，如果学生在英语课堂外讲英语，甚至还会遭受同学的嘲笑。在此背景下，学生的英语水平自然无法有效提升，对此，也会影响到教师的教学质量。

2. 师资力量薄弱

我国农村小学教学，处于相对比较落后的状态。对于农村小学英语教学来说，更是处于更加落后的状态。最明显的表现，就是师资力量薄弱。首先，农村小学专业的英语教师较少，再加上现有英语教师的英语能力较差，自然会拉低农村小学英语的教学质量。现阶段，大部分的毕业生倾向于经济发达的地区就业，在那里，大学生不仅能够实现自身的人生价值，而且还具有较好的发展空间。因此，愿意到农村地区从事英语教学的教师比较少，其中有一部分毕业生愿意来，但是相对来说，其英语水平较差，长此以往，造成了农村小学师资力量普遍薄弱的现象。

◎ 提升当前农村小学英语教学质量的对策分析

1. 转变教育观念，实现从应试教育向素质教育转轨

素质教育面向全体学生，力求德、智、体、美、劳全面发展，面向全体学生，注重启发学生积极参与，自主学习；素质教育是教师与学生的双向活动，也是学生之间多方面的互动活动；重视各科学学科能力的提高，训练综合技能，尊重学生个性差异、因材施教。转变教育观念，结合农村实际情况和小学生自身特点，以学生的全面持续性发展为宗旨，创设有特色的农村小学英语教学新理念，提高学生综合语言运用能力，使素质教育切实落实到农村小学每一节英语日常教学中。

2. 根据学生的"好奇心"激发学习兴趣

学生学习英语的兴趣随着经济全球化和政治发展多极化的趋势，作为中国人，只会说中文而不会说外文已经远远不能适应现代社会的发展需要。社会在进步，人类在发展，知识也在不断更新，我们需要不断发展和提升自己。我们在学好母语的前提下，至少应该掌握一门外语，这是我们走出国门、走向世界的有效沟通方式。英语作为国际官方通用的语言，我们应该掌握。特别是学生，英语是他们接触的第一门外语，他们更应该掌握好这门语言。那么，如何才能让学生想学英语，学好英语。我认为首先应从学生的好奇心入手。好奇心是人的天性，特别是儿童的好奇心尤为明显。学生受好奇心的驱使会问很多不同的问题。特别是在学生刚接触英语这门新课程时，他们的好奇心就会表现得特别明显，他们一定渴望知道关于英语这门学科很多方面的知识，所以也会提出很多不同的问题。教师遇到这种情况应该给予足够的重视和鼓励。教师不要害怕和阻止学生的"好问"和"求知欲"，也不要讽刺和贬低学生的"怪问"。教师应多鼓励学生勇于提问，善于提问。教师通过对学生好奇心的保护和正确引导，不但有利于学生养成自主学习的习惯，也有利于保护学生的"好奇心"。在英语课程目标的要求下，学生会学有所得，从而"为学而乐"，自觉克服那些不利于学习的行为。一旦学生们养成了良好的自主学习习惯，教师在课堂上的教学效率也会得到显著提高。

3. 遵循语言教学规律，培养学生自主学习能力

素质教育要求必须使学生学会做人、学会求知、学会思维、学会审美，具有终身学习、发展、创造和实践能力。教师必须一改只顾"教"而不顾"学"的做法，不断改进教学方法，尤其是探讨"学"的方法，促成"教学过程"

向"学教过程"的转变，从而提高教学质量。英语学习"难记易忘"，农村小学英语教师要结合农村实际情况和小学生自身特点，耐心地向学生"导"之以"法"，帮助学生找到最佳记忆方法。如新教的 Monday、Tuesday、Wednesday、Thursday、Friday 等表示星期的单词，比较得出首字母大写，末尾都是 day，所以只需根据发音记住前面几个不同的字母，这样减小记忆的难度，然后要求学生把这几个单词写在功课表上，以便学生天天看到，这些单词也必然会记得深、记得牢。

4. 分层次教学

不同班级之间学生的知识水平、接受能力有较大差别，同一班级的学生对所学知识的理解程度也因人而异，小学英语教师在实际教学工作中，要注意对学生进行分层次培养，以提高每个学生个体的学习能力。如果学生理解能力较强，悟性较高，在对单词的学习中，教师可以展开丰富多彩的活动，在游戏与娱乐中掌握知识，提高词汇的应用能力。反之，如果学生的英语接受能力较弱，教师授课时就要分解词汇教学，而且要简化会话操练的内容，多引导学生进行机械的记忆，通过增加模仿练习的次数与频率，使学生更好地掌握基础知识。分层次教学，应该贯穿于整个教学过程，在教师的正确指导下，逐步缩小不同学生之间学习能力的差距，照顾到大多数学生；同时，对优秀学生要注重强化其拔高训练，对差生要多加耐心的辅导与督促，使全体学生的英语应用技能得到明显提升。

5. 英语教学模式的多样化

目前，不仅仅是农村小学，很多教育发达地区的小学英语教学模式也较为单一，多采用课堂讲授为主，课下作业为辅的教育模式。该种教学模式对于数学、语文等课程是非常有效的。但是，英语作为一门语言，单纯地采取教师讲授，不能有效提高学生学习英语的积极性、学习效率。特别是农村小学英语教学，受限于教学资源、师资力量等多种因素，单纯的课堂讲授对于学生英语口语的提高更是作用甚微。农村小学的英语教学可以结合学校所在地区特点，尽可能采用多媒体、数字化教学资源，增强课堂的趣味性；对于教学资源匮乏地区，可在课堂上采用分组教学方式，采用故事或情境教学模式，增强学生英语学习的参与感，提高学生的口语学习能力及学习积极性。

在英语教学中，教师能够灵活利用以上几种教学方法进行教学，势必会大大提高学生学习英语的兴趣，而教师在课堂上的教学也会变得更加生动、有趣、活泼、轻松。

守正创新，追寻乡村教育的突破与发展

滨州市阳信县洋湖乡中心学校，位于滨州市的最西端，处于滨州、德州、济南三市交界，是山东省"鼓子秧歌"之乡，文化浓郁，民风淳朴。全校上下锐意进取，连续多年取得教育教学优异成绩，先后获得"全国零犯罪学校"、全国科技创新实验学校、山东省"中小学生学习心理辅导实验学校"、滨州市"市规范化学校""滨州市教学示范校"等荣誉称号。

我是 2011 年从县实验中学调任乡村中学校长，可以说自己的专业发展与素养提升与乡村教育结下了不解之缘，在我心中，乡村教育就像一块璞玉，天然、可塑性强，总能激发我们开发它、研究它、振兴它的热情，我自己也在乡村教育的管理实践中收获了很多：被评为滨州市教学能手、滨州市学科带头人、滨州市优秀教育工作者并记三等功。

接下来，请允许我从教育价值观、治学的理念、革新的主线、发展的愿景四个方面，向各位专家做陈述，敬请批评指正。

◎ 我的教育价值观：向自我突破致敬

作为一所乡村学校，发展中的困难与困惑总是不期而遇：师资流失严重、教师专业发展迟缓、学生综合素养提升路径不明、教育质量提升遇阻等。这些困惑，一直是我思考的课题，基于此，我确立了"向自我突破致敬"的工作信念，正视困难，树立了革新的勇气，力求在育什么样的人、怎么育人以及塑造什么样的教师、如何塑造方面，做出适合乡村学校发展规律性的探索，以实现学生阳光、教师幸福、教育公平的目标。

◎ 治学的理念：全面育人，和谐发展

突破点在哪里？我的理解是：教育是塑造人的事业，立德是为了树人，育智是为了成人，养能是为了达人。让每个孩子都能享受到全方位的教育，自信、自强、自立、快乐、幸福、健康，成为他们理想中的自己，就是我们的突破点！于是，我把"全面育人，和谐发展"作为我们努力的愿景。"全面育人"是指培养全面发展的人，即立足乡村学校实际，整合地方资源，为乡村教育的发展注入传统的、现代的优质教育因子，培养学生适应未来社会的基本技能，实现素养的全面提升。"和谐发展"就是要整合学校各方面发展的源动力，实现人文和谐、德智和谐，培育小我大我融为一体的学生。小我，是有独立人格的我，是独善其身的我；大我，是有团队精神的我，有民族胸襟的我，能兼济天下的我。

◎ 革新的主线：全面激活师生成长的源动力

教育，不是水中望月，永远是脚踏实地的担当落实。带着这一使命感，我在乡村教育自我突破的征途中，确立了我们的发展主线：全面激活师生成长的源动力，以带动学校内涵发展，追寻自我变革之路。

（1）构建全方位的课程体系。学校致力于国家课程校本化和校本课程多元化的研究，陆续研发了涵盖人文、科技、艺术、体育、综合素养在内的41门校本课程，健全了多元化课程体系。2014年1月，学校以综合考评第一的成绩荣获滨州市第二批基础教育课程实施优秀学校。2014年5月、2015年5月，学校国学社团连续两次代表滨州市参加了山东省汉字听写大会总决赛。2015年9月，学校荣获滨州市国学知识大赛团体第一名。

（2）致力于打造优质课堂，扎实推进课堂改革。多年来学校逐步形成了"自主、互助、开放"的教学理念，并拓展工作思路，以个体带动整体发展，尝试进行了"1+n"特色教学法打造，鼓励每位教师对课堂结构和教学方略进行个性化设计，追求百花齐放。一系列课改的推进引起了山东省基础教育课

程中心诸位专家的关注，并于 2014 年 12 月、2015 年 5 月两次莅临学校指导，帮助我们提炼出了"137"课堂教学体系。近年来该体系逐步完善成形，学校收获了 2015、2016 年县教学视导课堂评估一项全县第一。2015 年 11 月，被评为滨州市教学创新优秀学校。

（3）开创"小班自主管理"创新模式。与课改同行，学校致力于全方位提高学生班集体与课堂中的自我管理能力，力争把班主任从烦琐的班级事务中解脱出来。以级部管理为平台，将"全员育人导师制""学生成长轨迹记录""文明监督岗"等管理举措进行整合，让每一个人都参与到管理之中，人人争做班级的主人，全面提高学生的自主管理实效。2014 年 3 月，学校提交的《小班评价，学生自我管理》荣获滨州市教学管理方法创新奖。

（4）强化师德建设，引领教师成长。学校创新科研机制，实施读书富脑工程，扎实校本研修，建立新教师工作室，为教师专业化成长和职业化发展铺路前行。截至 2018 年，学校培养出了全国模范教师王立新教师，全国百佳语文教师张如意教师，滨州市名教师王宝亮教师，伴随着同事们的成长，我自己也在不断提升：2013 年 9 月，我在山东省初中骨干校长培训班开幕式做了学员代表发言；同年 11 月，在山东省素质教育论坛上做了《特色课程，助力学校发展》的典型发言。2015 年 5 月 15 日，在山东省普通中小学"1751"改革创新工程专题总结会上，我代表初中学段做了典型经验介绍和主题汇报。2016 年 11 月，我以初中组综合赋分第一名的成绩入围滨州市第二批三名工程"名校长"培养人选。

◎ 发展的愿景：文化立校，持续发展

什么是立校根本？我的理解是，文化立校是学校可持续发展的动力。文化为学校立魂，是师生的价值追求，是根植于内心的行为自觉，是对美好愿景的坚守，是对学校发展的使命感。

我们要立足学校实际，凝练核心价值观，并以学校核心价值观为引领，提升学校环境文化，培育学校行为文化，夯实学校制度文化，打造学校课程文化，以文化人提升学校品质，改革创新，在推动学校优质发展的同时，用心、

用力唤起师生的文化自信，把其融入自己的教与学中，锻造品格，提升智慧，并最终沉淀为一种可以传承的精神。

大力发展乡村教育，优化乡村教育资源，这是我们乡村教育发展的春天。我们乡村学校一定会增强使命担当意识，敢于从荆棘中突出重围，让课程体系更为健全，让课堂教学更有实效，让教师发展更加自主，让立德树人更为突显，让优秀传统继续弘扬，让全体师生都能够在和谐、温馨的校园环境中走向快乐、健康、成功。

虔敬教育，教育才得远方

岁月不居，时节如流，作为一名齐鲁名校长工程建设人员，自己在工程中磨砺、提升、发展，已有一载。蓦然回首，一次次培训提升，一次次总结凝练，一次次破茧成蝶，为自己积累了宝贵的人生阅历，同时也看到很多优秀的同伴成长为我省教育界各个领域的专家。的确，与优秀的人在一起，是一种莫大的荣耀。回顾一年来自己在阳信县洋湖乡学区的成长与发展，总结梳理如下：

◎ 引领教师成长，唤醒教育情怀

学区树立"教师是第一资源"的发展理念，为教师服好务、领好路，在文化、思想、价值上引领教师传承优良师风，弘扬美好师德，唤醒教育情怀，激发广大教师忠诚于教育事业、铭记育人职责、勤奋敬业奉献、爱生爱岗爱校，重视专业发展。一年来，涌现出了滨州市师德标兵王兴礼，滨州市名教师王洪建，滨州市优秀教师于月玲，滨州市名班主任工程人选张春燕等一批专家型教师。与此同时，学区充分认识到近三年新入职教师对学区教育事业发展的重要作用，深思熟虑，统筹规划，进一步完善对新入职教师的专业引领和评价促进，以打通全方位多元化成长体系，为他们的发展不断积蓄力量，相信通过坚持不懈的关注、督促和协作，洋湖学区的新入职教师团队将蓄势待发，大有作为，将成为带动全乡教育事业发展的生力军。

◎ 统一干部思想，激励干事创业

在日常工作落实中，学区对各位校长、学区成员、中层干部做到了三个号召：

（1）整体方面，要做到思想统一，行动一致；敢于担当，执行力强；率先垂范，业务精湛；真抓实干，力挽狂澜。

（2）个体方面，要做到五要：一要有格局、讲大局；二要能沟通、讲协作；三要懂事业、讲奉献；四要能思考、善表达；五要能识才、善用才。

（3）改革层面，要在着力实施素质教育、全力提升教育质量的浪潮中敢管、能管、善管、会管，遇到问题要有主意、出思路、能创新、获实效。

◎ 确立育人理念，促使全面发展

洋湖乡的教育，应该守正创新，自我突破，我们要保持原有的育人特色，要完善并构建全方位的育人体系，办促进学生全面发展的教育。因此，学区提出了"五育并举"的育人理念。

（1）德育为先。坚持立德树人基本导向，德育活动开展精彩纷呈，增强了学生的社会责任感、创新精神和实践能力；全力培养学生文明习惯、学习习惯及安全行为习惯；关心留守儿童，做实精准扶贫工作，确保了扶贫攻坚任务顺利完成；厚植爱国主义情怀，以"有理想、有本领，有担当"为目标，培养学生良好的品行素质，培养自强不息的奋斗精神。

（2）智育为重。培养学生善于思考，能自主学习，善于听讲，能辨识重难点，善于纠错，能归纳总结，强化学习习惯养成，强化思维品质提升。

（3）体育为根。让学生有强身健体的强烈意识，培养学生的意志品质、顽强毅力和拼搏精神。

（4）美育为基。让学生有一双发现世界美和自然美的眼睛，培养学生的审美意识、人文情怀和文化素养。

（5）劳动为本。让学生有一双勤劳的双手，培养学生的生活本能，养成崇尚劳动、尊重劳动的习惯，树立劳动光荣、劳动崇高、劳动美丽的价值观。

德育为先，五育并举，开拓了教育干部的工作思路，激发了全体师生的内生动力。

◎ 坚持问题导向，提升办学影响力

当前日新月异的教育发展新态势迫切要求我们时刻保持清醒的头脑，也让我们充分认识到了全乡的教育质量与人民群众的需求还有很大的落差，各校在促管理、提质量、强师资等方面或多或少存在一些问题，这迫使我们时刻保持自我警醒，准确定位，找准问题，强化举措，寻求突破。一是积极争取局党委支持，填补师资缺口，解决家长的后顾之忧；二是要加大师资培养力度，助推教师成长，逐步建立健全科学的评价体系，激发扎根偏远地区干事创业的热情，最大化克服职业倦怠，保持师资队伍稳定；三是确保精细管理力度不减，全面建设依法办学、自主管理、民主监督的现代学校制度，持续提高工作执行力，力争让各项制度落地生根；四是突出文化育人功能，加强校园文化建设，深化内涵发展，争创文明校园，营造和谐育人氛围，促进养成教育的完整性和系统性；五是引领各学校制定切实可行的特色办学实施方案，在坚守中创新，在规范中突破，全面提高学生的综合素养，全力打造办学品牌，全力提升办学品位；六是带领校长团队正确把握学校的办学方向，科学规划学校的办学思路，精心设计学校的发展步伐，进一步明确各校育人目标、办学目标、发展愿景，进一步明确校长的核心办学理念、管理理念、育人理念乃至生存理念，打造属于自己的学校精神，共同用心谋划学校的发展大计。

◎ 聚焦成败关键，再树质量品牌

全乡上下全力以赴，共同组建同心同向、多点发力、联动互动的质量提升共同体，力争扭住质量提升的关键节点和根本之处，奋起直追、持续发力，促进全乡教育质量全面改观。

（1）全面启动了校长、学区成员兼课制度，让主要负责人成为业务比拼的引领者，成为教学改革的实践者，成为教研创新的探索者。

（2）学区各科室围绕教育质量及时开展督查指导，督促各校围绕质量提升谋划全局，完善教学体系，激发广大教师围绕质量提升夯实教学根基，把主要精力用于研究课堂、研究学生，力争做到为每一节课负责，为每一天的工作负责，为每一位学生负责。

（3）大力倡导减负增效，逐步实施中小学作业改革，减轻学生过重的课业负担，提高课堂管理、教学常规管理和时间管理实效；开展乡内中小学教育教学质量监测研究，实行高年级网络阅卷。

（4）强化教师基本功修炼，夯实教学研究和校本研修，全面提升教书育人的核心竞争力：扎实开展新教材培训、教学常规月、乡教学视导、教学常规现场观摩、优秀新教师示范课展评、教师好声音朗诵比赛、英语口语大赛、科学实验技能比赛、县视导优课教师送课、学科质量提升研讨等活动，组织"语文报杯"全国中小学生主题征文大赛、学生书写口算诵读综合素质大赛、学生学习精细化规范化比武等活动。

（5）积极构建高效课堂，找准初中毕业班质量提升行动的切入点，推进以"智慧课堂"为主阵地的课堂教学变革，力求教学方式革新，让学生在便捷、充实的课堂上高质、高效地学习，让信息技术变革引领育人质量提升。

（6）学区以勃李学校小学部、马士和小学等为突破口，加强教学过程诊断评估和动态管理，以强师资提质量为目标，再树育人品牌。

◎ 优化办学环境，筑牢发展之基

赵楼小学、纪刘小学新建教学楼已投入使用，纪刘小学、马士和小学、赵楼小学三片运动场完成了填土、水稳垫层、沥青混凝土及草皮的铺设，赵楼运动场围墙基座在多方争取下也已完工，洋湖中学保卫室、大门、硬化绿化、水电暖管网等配套建设基本完工。投资20余万元为三处教学点进行了校舍升级改造。投资70余万元为洋湖乡中学和五处小学安装了多媒体和实验室。投资46万元升级改造五处学区幼儿园。为马士和小学配套建设了高标准的水冲式厕所，为鹁鸽李学校配套建设了保卫室及大门。率先在全县为所有中小学幼儿园安装了空调，为师生营造了温暖舒适的生活学习环境。今后的工作中学区将持续改善幼儿园办学条件，加快勃李幼儿园改建步伐，优化偏远乡村小学办公学习环境，为低年级和幼儿学生创造良好的、舒适的成长环境。

◎ 保持凝心聚力，追求持续发展

目前，全乡教育系统上下逐步呈现出风清气正、人心思进、全新快速发展的良好势头。我们要珍惜来之不易的发展机遇，保持学区可持续发展的稳定格局；要继续构建书香校园、生态校园、文明校园、和谐家园；要继续聚焦安全、聚焦师资、聚焦质量；要继续解放思想、创新思路、乘势而上；要继续用爱心和责任谱写洋湖教育全面发展、内涵发展、和谐发展、规范发展和特色发展的新篇章。

一次智慧之旅，一次快乐蜕变

2015年4月16～19日，值得我永远铭记。我非常幸运地与县各位优秀的校长一道参加了县教体局组织的"联想 —— 阳信县校长'领导力内涵建设'研修培训班"的学习。四天的时间，我在学习中思索，在参与中收获。现在想来，这次培训的确是我的一次智慧之旅，是我的一次快乐蜕变。联想集团高级培训师——朱胜文，用他那专家的底蕴、敏锐的视角、睿智的思维、广博的学识，带给我太多的震撼。现与各位校长分享。

◎ 作为校长，要经营好你的领导力

领导力包含四点：思考力、计划力、沟通力、执行力。团队之所以是团队而不是团伙，就是因为有这"四力"的存在。其中思考力是最重要的。思考力决定方向，思考力统领计划力、沟通力和执行力。因此，一名优秀的校长，必须要有过硬的思考力。要对学校即将开展的工作有明确的判断与认知，在起点上就有重点的思考。不能头脑一热就拍板，等工作漏洞百出时再后悔拍大腿。一个不善于思考的校长，越是雷厉风行，对学校的发展越不利。一名优秀的领导必须学会思考，善于思考，只有这样才能保证所带的团队朝着正确的方向前行。校长的领导力，还体现在大胆授权，科学分工合作，其中关键是会用人，不同任务交付不同的人去落实完成，用合适的人干合适的事。事情要分清轻重缓急，"将军赶路，不撵小兔"，不能捡了芝麻丢了西瓜，也不能事无巨细，事必躬亲。校长要经营好自己的领导力，更要看清"假象"，洞察真相。看到的、听到的，首先归为现象；想象有真相和假象；90% 的现象都可能是假象。在决策时尽量找到客观真相。要学会透过现象看本质。这就要做大量深入细致的调查研究工作，还要善于分析提炼，归纳整理。尤其在新课改的大环境下，一些教育的现象光怪陆离，需要我们校长理性的分析，全面的把控，洞察真相。

◎ 作为校长，要带好你的团队

独木难成林，真正的智者善于借助各方面的力量。联想管理有三要素：建班子、定战略、带队伍。如何带好学校团队？首先需要自己言行一致，言出必行，其他教师都会以你为榜样。当你明白了，身为领导者，并不是制度约束教师们去做某件事，而是你和你的团队需要他去做好某件事，从而能得到他想要的结果，才能做好一名领导者。其次要懂得肯定别人，并且要表现出来。我们的教师非常需要尊重，需要理解，所以要留住教师们的心，必须先肯定他的成绩。要保护好员工的热情，多做换位思考，多倾听教师们的心声，让每个人都有话语权，如果急于求成则得不偿失，而情绪稳定、运用技巧就会殊途同归。再次要学会感恩，学会爱。多用肯定的言辞，学会赞美别人，记住一些精心的时刻，比如教师们的生日等，多替教师们着想，尽最大努力为教师们服务。感恩别人，其实就是在成就自己。

◎ 作为校长，要善于"变态"

培训中对变态一词有了新的认识，变态就是改变心态、状态和态度。态度决定一切，只有我们与时消息、与时学习、与时俱进，及时改变我们的心态、状态和态度，我们才能适应社会的发展和改变，才能做出正确的决策，使我们的工作思路始终随着时间和空间的变化而调整。改变状态要不断创新，而创新改革的重点是形式，而不是内容，大量的事实证明，形式比内容更重要，对这一点过去我的认识不到位，在创新的过程中忽视了改革形式，忽视了创新形式的重要性。要改变他人的心态、状态和态度，首先要改变自己。在培训中强调的一句话"与改变自己相比，改变世界并不是最困难的"，这说明改变自己比改变别人更难。

教育学者朱永新先生在其著作《新教育之梦》中提出了理想校长的形象：一是能够清晰认识到自己的价值与使命，具有奉献精神和人文关怀；二是珍惜学校的名誉胜过自己的眼睛和自己的生命；三是不断追求自己人生理想和办学理念，具有独特的办学风格；四是具有海纳百川的宽广胸怀，具有极强的感召力和凝聚力；五是善于协调上下左右的关系，能调动一切可以调动的力量以促进学校发展；六是十分重视教育科学研究，并能成为学校教育科研工作出色的组织者和身体力行的者；七是能够给教师创造一个辉煌的舞台，让每一位教师都能走向成功；八是能够使学校具有优美的自然环境和浓厚的文化氛围。教育专家的著作给我们校长的角色提出了更新的目标，也是我今后为之奋斗的方向。我会继续努力工作，勇于探索，践行本次培训思想，不断提升学校的管理内涵，办好人民满意的教育。

以理念为先导，激活学校发展的内驱力

名校之所以成为名校，是因为这些学校都有属于自己明确的办学理念和办学目标。北京育才学校校长王建宗说：办学思路要清晰。有专家说：办学目标是为校长确定一个"好教育"的概念框架。学校发展又是校长智慧的体现，它是不能移植的，"好的战略很少意味着做与别人相同的事情"。由此可见，办学目标确定的重要性和智慧性。任何一所学校，要求得可持续发展，必须要带领全体师生在教育教学工作中总结提炼出属于自己的核心价值思想体系。也正是基于这样的认识，我校确立了"激活农村初中学生成长源动力"的办学理念。

这一动力应当来自学校发展的共同体内部。教师是学校发展的第一资源，教师能够达到胸怀大局，目光长远，敬业乐业，为了学校发展无私奉献，在学校发展中主动提升自我，实现生命的价值，就有了学校的发展、教育的发展；家长、社会是学校发展的动力，家长、社会认可教育、尊重教育、支持教育，形成浓厚的尊重科学、尊重知识的良好氛围，成为学校发展的不竭动力；学生乐学善思，快乐成长。这种源动力，广义地讲来源于教育的本质，即促进人的生命体的潜能，这里的生命体是指学校的发展共同体，包括每一位管理者、每一位教职员工、每一位家长、每一位在校生，乃至每一位关心和支持学校的人；狭义地讲，这种源动力的想法很朴实无华，就是力求让更多的农村学生享受到更优质的教育，激活他们成长的动力，造福当地百姓，服务千百家庭。这是劳店中学全体师生共同努力的方向，更是激发我们前行的精神统领。我们学校近几年的发展，都是依托这一源动力，源源不断地开掘出了更多的动力资源。

首先，我们致力于激活学生成才的动力。

教育的最大价值就是能陪伴学生走更远的路。我们的教育理想，就是要为学生一生的幸福奠定基础。一直以来，学校各项教育教学工作，均围绕这一目标展开。我们缔造了"立德为学"的育人思想，就是要从根本上激活学生成才的动力。从学校文化到班级文化，从国旗下讲话到文明礼仪教育，从全员育人导师制到心理健康辅导，从入学军训到离校课程，从情感熏陶到人格引领，从校园育人到家校共赢，都见证了我们的教育理想。我们的文明礼仪教育，内容关乎言行举止，关乎情感熏染，关乎文学经典教育，关乎高尚情操陶冶。我们倡导人人是文明之人，处处有礼仪之境的氛围，文明礼仪教育实现了约束到自觉，这正是学生自我成才的动力。在班级管理上，倡导"小班制"班级管理新模式。我们将一个完整的班级根据学生的性别、性格、学习现状、最近成长区等指标，划分为不同的"小班级"。每一个独立的小班级都有属于自己的管理团队，负责小班级的日常工作。从卫生、就餐、自习、纪律、活动等各个方面进行自我管理。每天有行为量化，每周有管理数据的统计与总结。这样的管理便于发挥每位同学的主观能动性，人人是小班级的成员，人人参与班级管理，既有竞争，更有合作，比学赶帮超，学生的学习、成长积极性明显增强。

劳店中学全体教职员工，也把激活学生成才动力作为自己教育教学的首要目标，利用课堂教学、全员育人导师制，适时对学生进行人格的引领与情感的塑造。因为我们深知，一所学校，关乎一千多个家庭的希望与未来，我们有义务让学生在校养成良好的习惯，塑造健全的人格，培养发展个性与能力。我们更有责任铸造学生的灵魂，为学生一生的成长铺路。

其次，我们致力于激活教师成长的动力。

一所学校能走多远，关键是学校的教师能走多远。让我们倍感骄傲与自豪的是，我校有一个拼搏进取、团结向上、成长愿望强烈的教师团队。我们通过专家引领、领导引领、骨干引领等，实现教师成长的专业引领，为教师的成长提供更好的人力资源。

每周三、周四的下午，我们会定期开展"校长有约"读书活动，让教师们在安静的环境中阅读教育经典书籍，并及时开展读书心得交流活动，丰富教师的理论修养，让教师多一点书卷气；为了提升教师的课堂教学水平，我校积极创设教师课堂历练的机会，不断开展校际交流，通过同课异构、教学实战，让教师在课堂上摔打、磨砺，在一次又一次的教学实践中提升自我；我们珍惜每一次外出学习观摩的机会，前期组织 20 余名骨干教师，聆听了魏书生等多位名师的专长报告，从教学创新方面，对教师们进行理念的引导。我们在每一次山东省"1751"工程片区交流会中，总是积极选派教师参加同课异构活动，让教师们经历大课堂的历练。学校重视教育后备力量的培养，成立了新教师工作室，我们分析了每位新教师的优势，帮助他们找到了自己的最近发展区，通过个人研修、同伴互助、学习反思等方式，促进新教师的快速成长。通过一年的管理与打造，新教师在课堂教学、个人教学素养、教科研能力方面均得到较大幅度提升，为我校教师队伍诸如了新鲜血液，增加了活力；学校重视教育博客建设，将其作为提升教师学科素养的重要载体，定期开展的命题博文活动，鼓励教师们针对某一命题思索，举一反三，畅所欲言，这是由实践到理论升华的过程，更是教师自我心灵构建的过程；学校关注教师身体健康状况，购买了适宜教师课间锻炼的体育用品，鼓励教师们积极参与身体锻炼，定期开展趣味运动比赛，这既活跃了校园生活，也让教师们动起来，在紧张的工作之余，享受锻炼身体、放松身心的快乐；学校利用心理健康教育资源日渐丰富的优势，经常组织针对教师团体的心理辅导，及时疏导教师的心理，让教师们始终保持轻松愉悦的心理状态。所有这些工作，立足点都是为了教师的成长，为教师创造舒适、幸福的工作、生活环境。这是教师享受工作的动力。动力有了，教师队伍整体素质的提升就会水到渠成，在成就教师的同时，学校也就受益了。

最后，我们致力于激活学校成就的动力。

管理是一门学问，是一种艺术。在学校发展方面，我们一直积极探寻内在的动力。最终，我们把动力定位在校本课程的开发与利用上。我们结合学校实际，陆续开发了回味从前、走遍家乡、科技创新、国际象棋等 12 个门类的校本课程，丰富的课程内容让孩子们从科技、人文等多方面获得有益的启发。现已形成了自己的教材体系，我校继续扩大研发团队，让九年级在校生担任执教者，利用课程教材，对初一学生进行课程的教学与再次开发，实现了课程效益的深化与升华。开发了阅读课程，每天下午最后一节课为全校阅读课，让孩子们在阅读经典中滋养心智；开发了劳动课程，每周五下午第八节课集中劳动，让学生们在亲手的实践中，感受劳动的魅力，体验汗水的味道。

迄今为止，学校综合实践课程、心理健康教育、特色课程开发、阅读课程、特色教学法打造、德育课程、劳动课程特色阵地已经被充分认可，乃至在全县起到了引领作用，本次省课程资源征集中，我校有12项校本课程资源入选。只要我们坚持科学，永续创新，我们的教育就会更加焕发生机。通过课程的开发，我们得到的不仅是一本本的校本教材，最重要的是，人人都享受到了研究的过程，享受到了思考的经历。教师们在开发的过程中，逐步养成的积累、反思、推敲、推理、验证等习惯，学生们在校本课堂上得到的启发、操练等技能，这是最重要的。校本课程的开发，为我们赢得了很好的效应，作为山东省"1751"改革创新工程项目学校，我们多次做了典型发言。校本课程作为我校的特色，已经成为我校走向成功，成就名校的动力。

学校的内涵发展，在于其自身能开掘出无尽的动力。只要大家能永葆对教育事业的忠诚，能有一颗旺盛的创造之心，将全体师生的智慧凝聚在一起，动力无处不在。

"农家田园"：用自立激活自信

我校是一所居于村庄中的乡村学校，学生也来自村庄，教师外流现象日渐严重。2016年4月15日，"孙正军校长工作室"团队一行来到我校，对我校现状进行了分析，之后工作室成员认为，我校缺乏自己的教育自信。于是，给出了"药方"，即"用自立激活自信"。

"虽然地处乡村，但出于各种原因，我们调查发现，大多数学生也是'不稼不穑'。这不能不说是一种遗憾。"孙正军校长说。于是，在工作室成员建议和指导下，我校开辟了"空中农场"和"无土栽培室"，这种以农业种植为特色的实践活动在乡村实施便利，又对培养学生的观察、思维等科学品质有着至关重要的作用。

在我校新建的"农家田园"，每个畦垄都安装了小型喷灌装置，师生们在这里精耕细作。学生们直言："这里有收获的快乐呀！我们可以吃到自己种的草莓、西红柿，还有茄子、黄瓜……"

学校的教师，特别是生物教师们，把那块田园看作是他们的"风水宝地"，他们可以很随意地在学生劳作时，就完成相关知识的教学，形象又直观。

思想品德教师也别有感触："学生在劳动时，活动的是身手，培养的是精神品质。"他们发现，劳动的时候，人的手脚是活跃的，心境往往是宁静的，这是与学生交流的大好时机。

随着时间的推移，我校的校园环境和师生精神面貌逐渐有了变化，校园内的每一条道路都有了自己的名字，原来光秃秃的墙壁上被精心描绘上了古文诗词。课间操，一个个方队在富有韵律的音乐声里展示着自己，有的班集体跳绳，有的班集体打军体拳，最有特色的是全校半数班级都可以做他们自己创编的"瑜伽体操"。

我校的变化引起了当地政府和教育局的重视，2017 年 5 月，为了配合学校承办山东省普通中小学"1751"改革创新工程现场会，政府专门拨款，为我校建设了一座可以容纳 500 人的报告厅。

因为加入了"孙正军校长工作室"，我们这样一所乡村学校找到了适合自己的方向，从而在自主办学中收获发展自信，学校发生了质的蜕变。

追求内涵发展，构建学校特色文化

学校文化，尤其是学校内涵文化，是一所学校可持续发展的动力与源泉。以内涵文化立校，以特色文化发展学校，已经成为新教育背景下，各学校为之努力的重点。

　　半个世纪的积累与沉淀使得劳店镇中学的文化底蕴丰厚。近几年，学校坚持与时俱进，不断探索与创新，在加强内部管理，追求学校内涵发展，创建学校特色文化方面，也有了自己的思路与实践经验，现与各名校一起分享、交流。

◎ 将学校的外显文化做成习惯

　　学校文化包括外显文化与内涵文化两个结构层次。我校在外显文化方面，重视环境的创设，通过多种方式，营造文化气息，通过环境文化，引导学校师生以积极的文化塑造人，成为一种习惯，实现师生的自育。

　　（1）让每一面墙壁说话，让每一块玻璃传情。我校合理利用好学校的墙壁，在三个楼层构建了不同的文化主题：一楼是传统文化经典，让学生耳濡目染民族传统文化，传承民族经典；二楼是立志文化教育，名人事例与人生格言，时刻激励着学子们勤奋向学；三楼科技文化教育，让学生了解科技的魅力，激发他们的科学兴趣，鼓励学子们通过好好学习，将来探索科学之谜。在门窗玻璃上，我校也下了不少功夫，有温馨的提示，有循循善诱的教导，我们这样做就是让全校师生每天都能在鲜活的文化气息中工作、学习，沐浴文化的春风，感受文化的魅力。

　　（2）让每一间教室都成为文化的衍生地。我们学校鼓励每个班级都创设自己的个性文化。在教室门口的宣传栏内，有的班级设计了自己的班徽，编制了自己的班训、班风；教室内的文化阵地里面，更是别有洞天：有的设计了学生的才艺展示板块，有的设计了文学大擂台栏目，这些栏目定期更新，给同学们提供了一个学习文化、运用文化的平台。同时，每个班级都有自己的图书角，这是同学们最喜爱的一个地方，图书角书目丰富，每个班级设有管理员，在每周的阅读课上，集中借阅，学生的心灵浸润在文化的滋润中，尽享文化的魅力。

　　（3）让校刊成为学校文化的展示窗口。我校顺应"1751"改革创新工程的需要，编制了学校的新校刊《潏翎》。新校刊内容丰富，编排细腻，栏目富有个性，既有教师们的教学随笔，也有学生的文学创作，还有学生心理辅导类知识等。新校刊深受广大师生的欢迎，因为它集中展示了我校在文化建设方面的一些新动向、新理论，更成为师生们相互交流与学习的载体，可以说，新校刊为爱好文学、热爱文化的师生们，提供了一个展示自我的平台。一本薄薄的校刊，承载了厚重的文化，这是我们的智慧之选。

（4）让经典阅读成为学生的每日必修课。我校重视对学生的文化教育，尤其是经典文化的学习与传承。学校统一要求每个班级在每天课前集中诵读一首古诗或者传统经典，目的是让学生在每天的诵读中感知经典、咀嚼经典、通悟经典。我校还出台了学生的阅读考级制度，根据初中阶段中学生必背篇目的要求，在每个学期都对在校生进行集中的阅读等级考试。考试通过的同学，将获得相应的等级认证，直至等级考试全部结束。学校这样做，就是以此激发广大同学，热爱民族经典，学习、传承经典文化。每天课前一首诗，郎朗的读书声已经是我校的一道风景线，使我们的校园文化气息更加浓郁。

（5）让网络电视台成为我们的文化传播使者。我校创设了自己的网络电视台，每一期都是学生自己搜集整理素材与资源，自己编辑稿件，自己录制并上传到网络空间。每一期的内容都涵盖了我校近期开展的重大活动、名师访谈、学生学习经验交流等。网络电视台的创办集中宣传了我校的文化活动，将我们学校推到了网络的前沿，既可以让别人了解我校，也可以让我们结识更多的朋友。

◎ 将学校的非物质文化做到极致

我们这里所说的非物质文化，是指学校的潜在文化，是相对于外显文化而言的，这也是一所学校的核心文化、内涵文化。我校在这方面，结合学校实际，致力于通过活动丰富文化，通过文化引领活动，在活动开展与文化创建中提升学校管理内涵，形成了自己的文化风格与个性。

（1）办学理念，让简单的口号成为我们奋斗的统领。北京十二中张校长说：优秀校长的核心标准是有科学的办学思想，办学思想应具有时代性和超前性、实践性和理论性、具有稳定性和发展性、同一性和多样性。北京育才学校校长王建宗说：办学思路要清晰。有专家说：办学目标是为校长确定一个"好教育"的概念框架，学校发展又是校长智慧的体现，它是不能移植的。"好的战略很少意味着做与别人相同的事情。"由此可见，办学目标确定的重要性和智慧性。办学理念是一种观念，更是一种思想，也是引领一所学校办学目标、办学规划、办学特色的关键所在，它决定着教师的教育行为，影响着学校的品牌形象。也正是基于这样的认识，我校确立了"激活农村初中学生成长源动力"的办学理念，就是要通过我们的教育，让更多的农村孩子，享受到更好的教育，激活他们成长的动力，造福当地百姓，服务千百家庭。这是我们全体教师共同努力的方向，极大地激发了我们前行的动力，已经成为我们的精神统领。这是学校的精神文化，势必转化为一种正能量。

（2）德育导师制，让师生关系奏响和谐的旋律。德育导师制，是我校德育管理方面进行的创新尝试。学校将每个班级的部分学生（学困生、单亲家庭学生、心理障碍学生等）逐一分配到班级内的相应学科教师，这些教师就是这些学生的"导师"。他们既负责所管辖学生的学习，又负责他们的思想教育工作、生活、成长等；定期与结对学生交流，关切他们的成长、学习诉求，为学生提供最大限度的帮助。德育导师制实施以来，我们看到的是教师对学生无微不至的关怀，看到的是学生对教师由衷的信赖。学生有了学习的积极性，实现了个人的自觉管理，心态更加阳光了。教师们在担任导师的过程中，也多了一份对学生的了解，走进了学生的心田，在履行责任的同时，也收获了学生对自己的信任，获得了教书育人的幸福，实现了教学相长。

（3）心理健康团体辅导，让学校成为师生共同成长的乐园。在新课改背景下，我校重视广大师生的心理辅导工作，并将其作为我校的特色文化创建工作之一。在每一学期开始的前几天，我校都会集中全体教师收看教师团体心理辅导系列讲座之知识。这些讲座涵盖了教师职业认同、职业信仰与职业规划等知识，通过一个个生动的案例，为教师们传达出了积极健康的信息，唤起了全体教职工的自我发展意识。活动的开展，让教师们扫清了职业倦怠感，新学期确定目标，立刻行动，相信自己，坚持不懈。学校还设立了心理课程，由专职的心理辅导教师对在校学生进行学习心理、成长心理方面的辅导。团体心理辅导课，亲密结合学生成长，通过新颖而科学的心理实验，帮助很多学生矫正了学习、成长方面的困惑与障碍。润物细无声，用心理文化给师生的心灵以抚慰，这是高层次的文化引领。

（4）关注教师成长，让教师享受成长的幸福。教师的成长才是学校发展的基础。我们把教师的成长作为学校文化创建的首要任务，因为我们觉得只有教师成长了，素质提升了，才能以积极的心态、更高的智慧去创建学校更高层次的文化。所以，我们采取多种措施，促进教师的专业发展。我校作为山东省"1751"改革创新工程项目学校，积极争取各种学习机会，尽最大可能选派教师挂职培训。同时，我们还充分发挥骨干教师的示范引领作用，继续壮大名师队伍。学校先后选派多名骨干教师，应邀到各兄弟学校进行专题讲座或者专业成长论坛，为他们提供成长的空间。我校还承办了阳信县教体局三名工程的现场会，全面展示了我校在教师成长方面的一些做法，教师们的教育博客建设、成长反思得到了到会教师的认同，给领导们留下了深刻的印象。我们展现在全县三名人选面前的，不仅仅是一些材料，更为重要的是集中展示了我们全体教师干事创业、奋勇争先的精神风貌。人人要求成长、要求进步的良好风气，已经在我校形成。

未来学校的竞争归根结底是学校文化的竞争。新课改背景下，要求我们学校创建有底蕴的文化。我们会在山东省普通中小学"1751"改革创新工程的指引下，继续提升学校的内涵，将常规工作做到极致，大胆创新，勇于探索，将我们学校发展成为特色鲜明、师生幸福的知名学校。

开在手掌心的花朵

我与学生的这个故事，发生在很多年前了，但我依然清晰地记得。这个故事让我相信：每一个学生的手掌心里，都有花朵在盛开。

那是一节英语课，我正在给同学们听写单词。我抽查了两名学生到黑板听写，他们是张雪和李军。

当我点到张雪名字的时候，她紧锁着眉头，脸上写着满满的愁容，显出一副极不情愿的样子，她低着头来到黑板前，拿起一颗支粉笔。

我开始依次读着单词，教室里安静的得很，只听到笔尖唰唰划过纸张的声音。也许是张雪刚才的表现提醒了我，我有意地关注了一下她。我好像觉得我每读一个词语，张雪就低头朝下面看。开始我以为是张雪有低头的习惯，可后来越来越觉得不对劲。因为我发现她的左手一直在她的胸前！原来她低头看得的是她的左手。

这里面肯定有问题！我几乎是不假思索地就断定张雪这个细微的动作背后藏着鬼，我决定继续观察一下再下结论。我慢慢踱步到讲台一侧，继续听写。在张雪低头的那一刹那，我用眼神一角看到她匆忙地扫了一下她的左手，然后就紧紧地攥起了手。原来，她在用这样的方式应对我的听写！

好一个狡猾的孩子！我想笑，但同时也有些气恼。弄虚作假欺瞒教师，小孩子的把戏！怎么办？马上勒令她停止偷窥的行为？那她不可告人的秘密就会大白于天下，一个女孩子，肯定担不了全班同学的目光。可我不能视若不见，听之任之啊！那一刻，我陷入了两难的境地。

先用眼神暗示一下她吧。对，就这样办。我边读着词语，边把眼神投向了张雪，并故意停留了好一会儿。可是，张雪面对我意味深长的"秋天的菠菜"无动于衷，依旧我行我素。

我火气噌地一下起来了：也太不把我放在眼里了！那就别怪我让你难堪了！想到这里，我厉声呵斥道："张雪，你手掌里攥着什么？"张雪显然被我突然的质问吓了一跳，不由得颤抖了一下，而班里的同学们也被我大分贝的"吼叫"惊住了，他们面面相觑，不知道到底发生了什么。

我索性放下课本，决定来一场关于学习态度的思想教育。我走到张雪跟前，用严厉的口吻说："课前不认真准备，现在用这样掩耳盗铃的方式蒙混过关，有意思吗？"张雪头垂得很低，窃窃地回答我："老师，我没有……""还不承认错误！"我粗鲁地打断她，"一定要诚实。你手掌上面写的什么？"张雪像被电击了一样，继而赶紧用右手搓捻着左手掌。我看到，那些原来事先抄好的的词语，已经没有了字的形状，而是被搓成了一团团黑色的图案。

同学们都明白了事情的原委，把目光都聚焦在了张雪身上。我感觉到那些目光里有难以置信，也有幸灾乐祸。而众目睽睽下的张雪，涨红了脸，低头不语。

此时，我已没有丝毫进行思想教育的兴趣，而是有一种懊悔的情愫，在心里蔓延开来。

把一个孩子的错误晾晒在大家面前，我做得对吗？

接下来的好几天，张雪一直闷闷不乐。在班里，她好像成了一个被遗忘的人，不去参加同学们的活动，甚至不愿与他人交流。张雪的表现，给了我明确的答案：我的的确确做错了！我伤害了她的自尊，我让张雪陷入了被奚落、被孤立的境地。

我决定要与张雪谈谈心，解开她的心结，也解开我的心结。

一天下午，我把张雪约到办公室。张雪脸上显然还挂着那天因我指责而带来的阴云，她站在我面前，带着些许的惶恐与尴尬。

我请她坐下，并且笑着对她说："张雪，老师先向你表示歉意。我那天没有控制好自己的情绪，没有顾及你的感受，请你原谅！"

看到我一脸真诚的样子，张雪始料未及。她看上去愈发地不安起来，手足无措地搓起手来，但先前的恐慌已经没有了。慢慢地她也对我打开了话匣子："老师，那天我真的没准备好听写，担心您点到我，就自作聪明地在手掌心写下了要听写的内容，以备不时之需……"我问她："你这样做的原因是什么？"张雪回答我："担心写不来，在同学们面前难堪，也怕完不成惹您不高兴。""傻孩子，你这样做我就高兴了吗？"我爱抚地拍了拍她的肩膀。"老师，我现在明白了，这是自欺欺人的做法。糊弄了您的眼睛，也糊弄不了自己啊。"张雪微笑着对我说。

看到张雪明白了这些道理，我很开心。是的，还有什么比学生自己悟出心得更有价值的教育呢？

"那你今后怎么做啊？"我顺势问张雪。

"老师布置的作业不打折扣完成，今日事，今日毕。"张雪回答我，"不再做一些耍小聪明的事了。"说完，她嘿嘿一笑。

我说："张雪，你的手掌心可以继续写一些字。"

张雪一愣。我笑着说："可以在你的手掌里写下'自信、勤奋'等词语，告诉自己一定要坚持、努力啊。"

听完我的话，张雪笑了，一脸的灿烂。

孩子们的世界里总会有一些专属于孩子的美丽错误。面对这些错误，我们可以用霜雪坚冰肃杀它，也可以用和风细雨滋润它，直至让它绽放出自我教育、自我修正的花朵。前者，是冰冷的击打；而后者，是温暖的守望。

我庆幸，我让孩子的手掌里，盛开了美丽的花朵。

潜心打造真正的教育

什么才是真正的教育？这个问题有点大，但却一直是每一位教育者思索并努力践行的课题。党的十八大提出"办人民满意的教育"，并把"立德树人"作为教育的根本任务，这无疑给我们的教育指明了方向：立德为先，树人为本。然而有的学校片面追求升学率，以成绩论英雄，以分数评优劣，鼓励教师、学生人人争第一，夺冠军，结果就是累教师，苦学生，师生体验不到教育的乐趣，学校不再是师生的温馨家园。因此，我的教育思想是：别把目光紧盯着第一，让学校的每一位师生享受"唯一"的乐趣，成为无可替代的自己。

◎ 不争第一，让师生成为快乐的"唯一"

第一名固然令人羡慕，但不应当成为我们借以激励师生的理由。要知道第一名只有一个，其他人注定是普通的一名，但他们也一样为了目标付出了努力，同样值得尊重。如果我们的教育一味地夸大第一名的重要性，就会泯灭第二、第三……这些人努力的可贵，教育就会陷入一个尊崇王者、轻视后来者的畸形怪圈，这显然不是教育的真正内涵。因此，我觉得真正的教育就是不要单纯争取第一，而是让更多的师生享受"唯一"带给自己的乐趣。

我们的教育对象是有着鲜明个性的学生，那是一个个鲜活的生命，我们

123

不要用第一去约束他们，而应该努力地让他们成为"唯一"，让他们的生命绽放出无限的光彩，我想这才是教育的价值所在。

◎ 尊重差异，让师生成为无可替代的自己

我们熟知"短板理论"：决定木桶盛水多少的，不是最高的木板，而是最低的。于是，在这一理论的指导下，很多教育者拼命地拔高师生，采用各种手法让师生做"最高的木板"，以让学校成绩优秀，装下更多的水。其实，这种做法，完全忽视了师生的个性。世界上没有完全相同的树叶，人也是如此。我们不能用整齐划一的方法，把所有的师生都做成大小一样、高低相同的木板。这就需要我们尊重师生的个体差异，尊重师生的个性，让他们在现有木板的长度基础上，做最好的自己，成为无可替代的自己。

未来社会的分工会越来越细，任何一个人，无论学历高低，读书多少，只要能在自己擅长的领域里有所成绩，他就是第一，他就应该被关注，被表扬。即使他有短板，他也完全可以通过合作的方式弥补自己，只要他能在一个团队中做好自己的角色，成为无法复制、无法替代的自己，他就是成功者。我们的教育，就应当为他们服务。

这个世界上，缺少的不是第一，缺少的是"唯一"；我们的教育，缺少的不是批量运作，缺少的是无法替代。让我们尊重师生的个性，尊重他们的个体差异，让我们的教师和学生做最好的自己！

品茶论道与班级管理

品茶论道是儒家的一种超然境界。

品茶讲究审茶、观茶、品茶三道程序。审茶是指泡茶前要先审看茶叶，内行人一眼就能分出绿茶、红茶、花茶、青茶等不同的种类来，更讲究的还

可以分出"明前""雨前""龙井""雀舌"等。这番功夫，不是一朝一夕所得，肯定是经年累月的观察、用茶方能有此本领。由此，我们可知，班主任工作，要有如品茶者这样的境界，能在短短几日内掌握班级学生性格、气质、个性等，也需在实践中积累经验。有的班主任接手一个班级，短短几天内，对学生的方方面面了如指掌，这是班级管理的第一步，也是育人的第一步。这是实功夫，不是花拳绣腿。需要我们班主任在实际历练中掌握识人本领，做个有心人，不要纸上谈兵。当然，这种实功夫的习得，并非一蹴而就，需要在班级管理日常工作中磨炼习得；而掌握这种技术更不是一成不变，需要大家动态关注学生的发展，不要用一种眼光框住学生，要让良性的改变在班级集体氛围中滋生萌芽，最大限度体现教育应有的公平与正义。

品茶者讲究什么茶用多高温度的水，沏、冲、泡、煮方法各不相同。这是门学问，不能马虎，不然，茶就少了味道，坏了茶色。据此可知，班级管理也需根据不同学生的秉性、性格等进行针对性的教育，这与多元智能理论是吻合的，而多元智能理论是教育者甄别学生，从而因材施教的理论基础。有的同学是慢性子，有的同学是急脾气，有的同学勇猛有余却粗枝大叶，有的同学心思细腻却优柔寡断，都需要结合具体的情形进行教育。如果无视学生的个性心理特征，运用一刀切的方式，不能做到因材施教，那么收效一定不大，甚至适得其反。因此，我们班主任教师必须要根据学生的特质，设计出不同的管理方案。

观茶是看茶叶的形与色。茶叶一经冲泡后，形状就会发生很大的变化，几乎会恢复茶叶原来的自然状态，特别是一些名茶，嫩度高，芽叶成朵，在茶水中亭亭玉立，婀娜多姿；有的则是芽头肥壮，芽叶在茶水中上下沉浮，犹如旗枪林立。茶汤此时也会随着茶叶的运动而徐徐展色，逐渐由浅入深，由于茶的种类不同而形成绿色、黄色、红色……此时此刻观茶，欣赏茶色甚为赏心悦目。这提醒我们，班级管理应该上升到生命哲学和生命教育的高度，让每一朵生命之花绽放，是班级管理的最高境界。我们要思考如何真正为幸福人生奠基。要学会等待，就如同茶色需要时间才能形成一样，操之过急，欲速不达。工夫，是花费时间和精力后所获得的某方面的造诣本领，但并非放任不管静待花开，而是要善于捕捉到教育的时机，当我们对学生施以教育后，就要及时观察学生的变化，根据变化的情况，及时调整教育策略，让目标管理起到积极的引领作用。

品茶既要品汤味还要嗅茶香。茶叶一经冲泡之后，其香味便会随之从水中散溢出来，此时便可以闻香了。闻香之后，用拇指和食指握住品茗杯的杯沿，中指托着杯底，分三次将茶水细细品啜，这便是"品茶"了。品茶人非常讲究这一套动作，可谓有条不紊，心神合一。这提醒我们，班级管理工作也要努力修炼这样的境界：工作要精益求精，要有章法，要在琐碎的班级事务中，学会气定神闲，这需要智慧。

班主任管理不是粗糙的行为，而是高雅的艺术。

开辟蔬菜田园，收获劳动快乐

在阳信县劳店镇中学教学楼的背面，有一块面积不小的空地，那里的边缘处零星地放置着几个乒乓球台案。学校几位教师觉得如果只是把这里作为健身场所，实在浪费资源。于是，几位头脑灵光的教师找到校长，建议将这块地方"开发"出来，并一直提议建成蔬菜种植基地，平均分到各个班级，每班负责2～3畦儿，学生自己耕种，自己管理，收获了归班级集体所有。校长当即拍板：开辟绿色蔬菜基地！

说干就干。教师们亲自率领同学们掘土、深翻、分畦，干的有板有眼。分到"责任田"后，同学们对自己的"一亩三分地"格外地上心。学校看到同学们兴趣如此浓厚，投入如此的热情，当即决定开发学校的劳动课程，将每周二下午第八节课作为劳动课，同学们分组耕耘自己的"田园"。同学们自己选种子、盖地膜、除野草、捉虫子、施肥、浇水，做得有声有色，那叫一个认真，一个专业！

有耕耘就有收获。同学们洒下汗水的地方，终于见收成了！红彤彤的西红柿，青翠欲滴的黄瓜，营养美味的苦瓜，富有个性的白茄子，又大又圆的西瓜，泛着亮光的辣椒……当下的时令蔬菜，在同学们的用心呵护下，四处飘香。当同学们把满满的一篮又一篮的蔬菜抬出自己的责任田，脸上写满了劳动的骄傲与收获的幸福。

"老师，咱们这些蔬菜吃不了，干脆送到学校食堂吧。让工人师傅们做菜吃，节约他们的成本！"一位同学用略带激动的口吻向班主任建议。这位班主任一听，有道理！与其让食堂师傅们去外面买，还不如每天来这里及时采摘，保证了新鲜不说，同学们的蔬菜绝对是无公害的啊！

于是，同学们每天都能吃上自己采摘的新鲜蔬菜，那味道香香的、甜甜的。同学们还说，下一步他们还要种植反季节蔬菜，种植粮食作物……

劳店镇中学建设蔬菜大棚，开辟劳动实践基地的故事告诉我们，素质教育不是无中生有的再造，不是高大上的惊人举措。素质教育原本就很简单，资源就在我们身边，劳动是美丽的。劳店镇中学为自己的学生开辟了劳动实践基地，也为素质教育的实施开辟了一方净土。当劳店镇中学的同学们将带着希望的菜种放进温暖土层的时候，其实就已经把一份希望埋在了里面。这份美丽的等待是珍贵的。因为，学生对种子的等待其实就是对这个环境、这个学校的等待。在等待中，他们爱上劳动，爱上这个学校，爱上学习。而在劳动过程中养成的技能，经验的交流，收获后的共享，则更是学生对自我品格的建构。我想劳店镇中学同学们在劳动中体验到的农民的辛劳，感悟到的是生命成长的美好，这就是最好的素质教育。

第四篇　梳理治校方略

——学校发展路在何方

校长与办学理念

领导学校，首先是教育思想的领导，其次，才是行政的领导。

没有教育思想的领导，就没有校长。

——苏霍姆林斯基

人们常说：一个好校长就是一所好学校。这不仅仅体现在校长的管理能力上，更重要的是体现在校长的办学理念上。办学理念是学校的灵魂，没有先进的办学理念，学校不可能长久发展，校长也不可能成为专家型的校长。

捷克伟大的民主主义教育家夸美纽斯在极端困难的条件下，率领捷克兄弟会的儿女们在波兰的黎撒创办了文科中学，在颠沛流离中创办了匈牙利的泛智学校，提出了教育是"把一切事物教给一切人们的全部艺术"的办学理念，这里的"一切事物"指的是一切知识，但并非知识的凌乱堆集，而是指广泛全面而有用的知识，即百科全书式的知识；"一切人们"包括所有的人，不分男女性别，无论贫贱富贵，都应该接受教育；"全部艺术"运用适合人们身心发展规律的合理有效的教学方法，教人们感受到愉快的艺术。夸美纽斯和他的"泛智"教育思想，至今对我们的教育事业有深远的影响力，他不愧为"现代教育之父"。

人民教育家陶行知 1927 年创办晓庄师范学校，条件极为艰苦，他将"教学做合一"作为校训，这源于他一贯的教育思想"生活即教育，学校即社会"。他说：我们要建的必是一个有生命的学校。他认为，儿童教育，智育上注重自学；体育上注重自强；德育上注重自治。在这样的"儿童自动学校"里，教师的作用仅限一旁指导。他还提出了"解放学生的脑，解放学生的手"等办学理念。正是这些先进的教育理念引领晓庄学校的"小先生们"做了中国普及教育的主力军。这充分说明，一所学校要生存与发展首先要有科学的办学理念。

办学理念是校长对学校的理性认识、理想信念、价值取向及其所形成的教育思想观念和教育哲学观点。办学理念是校长基于"办什么样的学校"和"怎样办好学校"的深层次思考的结晶。办学理念，从某种意义上说，就是学校生存理由、生存动力、生存期望的有机构成，它包括办学目标、工作思路、育人模式等要素。树立办学理念，是在办学趋同化的大潮中，一所学校形成或保持自己独有的个性和特色的需要。

作为校长，应该经常思考：一定时期内的办学目标是什么？用什么样的教育思想、管理方法去实现办学目标？校长有了这种思考，就有了自我发展、自我完善的动力，而有了这样的自觉的校长，就一定能办出一所好学校，校长个人也可能在办学实践中成长为教育家。

办学理念在学校发展中作用巨大，绝不能随便拼凑几个词或几句话。办学理念必须遵循党和国家的教育方针、政策法规，必须适应当前社会需要，体现时代精神，与时俱进，它还必须符合学生身心发展规律和教育教学规律，既要立足学校实际，还要面向未来发展。这样的办学理念才能成为凝聚师生的纽带，成为师生行为的指南，成为学校发展的精神力量。

办学理念很大程度上源于校长的教育思想、境界、理论基础和实践反思，办学理念在表述上要求言简意赅，读来朗朗上口，师生随口就能说出，随时就能用它反思自己的言行，激励自己不断成长。

提升校长的领导力

什么叫领导？领导就是动员别人实现组织目标的过程。领导应具备三个关键词：目标、动员、别人。作为校长，必须首先在学校的发展目标、愿景、理念上下功夫、做文章。当我们的目标愿景清晰后，我们就需要动员别人了。我们不能确立一个目标后，就自己一个人或少数几个人朝着目标迈进，要带领全体教职员工共奋进。一个学校的共识程度越高，共为效果就越好；共识程度越低，共为效果就越差。学校领导班子确定的事情，如果动员不够，激励不到位，就不一定能实现，甚至会造成严重后果，绝大部分情况是校长与教师沟通不到位造成的。所以作为校长，我们必须放下架子，降低重心，蹲下身来，倾听教职工的心声，了解教职工的需求。我们学校在树立办学理念、明确办学目标、制定校训、确定校歌时，都广泛征求了教职工的意见和建议，运作起来就非常顺利。

作为校长，要想让教职工心服口服，必须具备四种品质。

一是远见卓识。也就是作为校长必须有前瞻性、预见性，学校现在面临着哪些内在和外在的困难和挑战？学校未来发展怎样？也就是说校长应该看到教职工看不到的远方，要能做出正确的决策。校长每天的主要工作就是做决策，也就是从若干项方案中做出选择。决策考验的是校长的领导素质，因为许多决策是无法做出明确的是与非的判断的，没办法确定哪个决策是正确的，常常要靠自身经验和判断力来做出决定。要提高决策力必须做到：①加强政策解读。必须正确地解读相关文件、政策法规，或者说领导讲话的精神，只有听懂话才能做对事，这是我们做出正确决策的前提条件。加强政策法规解读，我们需要做好三篇文章 —— 读懂、吃透、转化。②把握大局大势。作为一个校长，必须有一个大局的意识，大势的眼光。局、势、策三者结合在一起。一个校长如果没有大局意识，肯定要出现方向错误，一个做领导的人如果大局上出了问题，就会满盘皆输，所有的决策都会出现重大失误，因为方向是错误的。③捕捉关键问题。作为校长，首先要从问题开始，哪个学校能没有问题呢？能找到问题还不行，还要了解问题的性质：常态性问题还是突发性问题；老问题还是新问题；普遍性问题还是个别性问题；全局性问题还是局部问题；关键性问题还是枝节性问题。分析后确定哪些是最要紧的、最关键的问题。同时我们还要找对解决的方法和方案。④注重调查研究。找出问题还不能急着做决策，要做深入细致的调查研究。毛泽东说：没有调查，就没有发言权；江泽民说：没有调查，就没有发言权，更没有决策权；陈云说：领导干部要用百分之九十的时间进行调查研究，用百分之十的时间决策。可见调查研究是多么重要。怎样才能做好调查研究呢？习近平总书记强调：调研工作务必"深""实""细""准""效"，深即深入群众，深入基层；实即作风要实，听实话、摸实情；细即听取各方意见，掌握全面情况；准即善于分析矛盾、发现问题；效即提出解决问题的办法切实可行，见实效。

二是勇于担当。如果学校的决定是正确的，教职工的做法是合法合理的，如果教职工遇到事情，校长必须站出来替他承担，绝不能好事是自己的，责任是别人的。校长主要做三件事：拍板、用人、担责，要敢于在教师面前承诺：拍板拍错了、用人用错了，我来承担责任！

三是求真务实。校长必须实事求是、实实在在，不浮夸、不作秀、不矫揉造作。这样教师们跟着校长干心里才能踏实。随着时代的发展，教职工的思想观念也在不断变化，他们心明眼亮，时时盯着校长的一举一动。因此校长的一言一行都必须起到表率作用。俗话说：说一千，道一万，不如领导干一干。试想如果教师们都在干活，校长只是在旁边吆五喝六，教师们还愿不愿干？就是干也是牢骚满腹。反过来，如果校长干在前面，教师们谁还不干？就是有个别逃懒的，其他教师也会看他不顺眼。

四是德高望重。校长是教师群体中的佼佼者，必须具有高于教师的道德水准，教师尚需"德高为师、身正为范"，校长更应该在此基础上对自己有更高的要求。

作为校长，手中有权力，但不能只靠手中的权力，更多情况下要靠手中的非权力才能充分体现领导力。非权力反映的是一个校长的综合素养，包括文化素养、艺术修养、待人接物的方式、语言表达的形态、幽默感、个人魅力、理想、信念、道德情操、价值观等，这些都是领导力的体现。作为校长，要靠自己的教育素养、对学科的理解、对教育工作规律的把握，靠人格魅力去体现自己的领导力。

领导力是可以通过学习和实践锻炼来提高的。教育培训虽然不能一下改变我们的价值观念，但可以改变我们的某些看法和态度，一次教育培训虽然没办法调整我们的知识结构，但拓宽了我们的视野，一次教育培训彻底改变每个人不太现实，但可以改变我们的思路。读书学习的水平也决定了领导水平，一个好校长肯定是一个注重学习，注重修养的校长。学习是人间的功课，更是校长的功课，我们都要持之以恒，学有所得。

总之，校长的领导力是在办学实践中形成并逐渐提高的，校长绝大多数都是从教师、主任、副校长、校长，一步步干出来的，我们在实践中不断经历、不断反思、不断改进，我们的领导力就会不断提升。

凝聚教师团队

所谓凝聚力，是指对成员的吸引力、成员团队的向心力和成员之间的相互吸引力。从学校角度来说，教师的凝聚力指的是全体教师共同反映出来的合力，是一种积极向上的精神力量，具备这种凝聚力，就会激发每一个教师的工作积极性，让团队中每一位成员都心系集体的目标，奋勇前进；缺乏这种凝聚力，学校工作就成了一盘散沙，教育质量的提升和学校发展目标的实现根本无从谈起。

教师队伍凝聚力的建设是一项复杂的工程，学校管理者可从以下几方面尝试增强教师团队的凝聚力。

◎ 创设愿景，使人拥有归属感

根据组织行为学的原理，组织的共同愿景主要是指组织的发展目标。学校管理者要团结起广大教师队伍，集思广益，一同为学校的发展目标出谋划策，并使这一目标被学校所有成员通晓和接受。学校发展有了统一的目标，教师才会有明确一致的努力方向，围绕这一目标去凝聚教师队伍，必将呈现事半功倍的效果。

◎ 满足需要，使人拥有满足感

需要是一切行为的驱动力，教师亦不例外，合理需要得到满足时，教师工作的创造性就会得以发挥，积极性就会得以提高，主动性就会得以彰显。学校管理者要充分了解教师的各方面需求，从物质和精神两方面双管齐下，尽力使教师的合理需求得到满足，增强教师的工作满意和对学校的认同感。只有如此，教师才能发自内心地愿意为学校的发展贡献自己的力量，教师队伍的凝聚力自然就会提高。

◎ 知人善任，使人拥有成就感

管理学是用人学，其核心是研究人、成就人，对于每一位学校管理者来说，都必须具备知人善任的优秀素质。知人，顾名思义，就是学校管理者必须熟悉、了解每一位教师的基本情况和个性特长；而善任，是指学校管理者要能够根据教师的特长，安排其从事合适的工作，同时给予充分的信任，让每一位教师都拥有强烈的责任感和自我实现的机会，而恰恰教师最渴望追求的正是这种难得的责任感与成就感，这必将极大地提高学校对教师的吸引力，也将从根本上提高教师团队的凝聚力。

◎ 善于沟通，使人拥有亲和感

沟通是一个互动的过程，是信息在人与人之间传递的过程。在学校管理中，良好及时的沟通有着尊重人格、消除隔阂、增进友谊、达成共识的重要作用。通过领导与教师二者之间相互的沟通，可以增进学校团体成员的亲切感，增进了解、化解矛盾、平衡利益，增强教师队伍的凝聚力，让全体教师心往一处想，劲往一处使，共同为了学校的发展而心情舒畅地工作。

◎ 率先垂范，使人拥有敬佩感

在学校，校长不仅是学校工作围绕的核心，也应该是教职员工的榜样。因此，校长要特别注意自己平日的一言一行，不断学习，修身养性，增强才干，使全校师生发自内心地认可自己。要求教师做到的，校长自己要做到更好。在责任面前，要勇于担当，在荣誉面前，要时时谦让。这样，教师们才能心甘情愿地团结在校长周围，为学校的发展而共同努力。

立制度、筑师德、提师能

对一所学校而言，优越的地理位置、优质的硬件资源固然重要，但最关键的是高素质的教师队伍。要求补充高素质的教师数量，唯一的出路，就是盘活现有效师资源存量，将现有教师队伍打造成一支师德高尚、业务精良、勇于创新的高素质教师队伍。

第一，健全组织、完善制度、民主管理。没有规矩不成方圆，这里的规矩就是规章制度。俗话说，国有国法，家有家规。学校管理必须有一套切实可行的规章制度，依次约束、评价、激励教师，规范其日常行为，奖励先进，鞭策后进。当然，在制定制度时，必须坚持走群众路线的工作方法，发动广大教职员工，集思广益，群策群力，共同参与，制定出一套符合本校实际情况的制度。例如《教师考勤细则》《教师综合评估细则》《绩效工资发放制度》《教学过程评价制度》《教学质量评估制度》《班主任工作制度》《一日常规百分赛制度》《宿舍管理员工作制度》《食堂管理制度》等。这些制度的建立规范了师生日常行为，据此可以公平合理评价每一位教师，为评优、评模、晋升职称提供量化依据，使管理工作有章可循，有据可依，为管理科学化、规范化、制度化，提供了可靠的保证。一旦确立了制度，必须严格执行，一视同仁，切记制度对事，不对人，当涉及教师的切身利益，教师提出疑问时，学校必须能依据制度做出合理解释，让教师心服口服。在执行过程中，如发现制度有不合理之处，必须严格审视，加以修订完善。

第二，大力弘扬高尚师德。师者，传道授业解惑也。首先教师自己要得"道"，也就是要懂得为人处世之道，要有高尚的道德情操，做到为人师表。为此，在全体教师中要大力弘扬"讲团结、树正气、比奉献、谋发展"的主旋律，让教职工树立五种意识：责任意识、标准意识、服务意识、时间意识、公仆意识；克服五种思想：克服麻痹思想、满足思想、应付思想、攀比思想、草率思想。推行"勤细快加恒"的"三加一"工作作风。勤，指工作精神，要做到六勤，即心勤、腿勤、眼勤、耳勤、手勤、口勤；细，指工作方法，要做到精细化管理、规范化管理；快，指工作节奏，要做到政令畅通、令行禁止、雷厉风行，工作做到快节奏、高速度、出效果，每一项工作都力争做到优质、高效；恒，指工作理念，要坚持一个"恒"字，做到持之以恒。

要求教师做到的，校长必须首先做到，并要求班子成员必须做到，起到率先垂范的作用。其实，教师们都有自觉性，都愿意把学校办好，把学生培养好。所以，在学校的大力倡导下和精细化工管理下，很快就会涌现出一批有理想、有信念、有责任感的教师。

第三，提高教师教育教学能力。凝聚了人心，鼓舞了士气，接下来就要着力提高教师的能力。我们的教育对象是学生，只有了解他们，才能真正地教育引导他们。为此，我们要通过各种方式提高教师教育教学的智慧。

这样，一支师德高尚、作风优良、业务精湛的教师队伍逐渐形成。他们用自己的爱心、责任与智慧培养学生成人成才，为家庭点燃了希望，为自己赢得了尊重，获得了职业幸福感。

践行文化管理，创新科学发展

阳信县劳店镇中学，位于渤海之滨，梨乡大地东陲。学校始建于 1958 年，半个多世纪的积淀和孕育，赋予了学校丰厚的文化底蕴。

近年来，劳店镇中学积极践行文化管理理念，追求润物无声、育人无形的教育境界。学校的文化管理思想以社会主义核心价值观为导向，立足学校实际，以概炼学校核心价值观，并以学校核心价值观引领，提升学校环境文化、培育学校行为文化、夯实学校制度文化和打造学校课程文化重点，以文化人，提升学校品质，改革创新，用心用力，推动学校优质发展。学校集思广益，群策群力，构建了"全面育人，和谐发展"的核心价值观体系，并以此为根基，实施了"全面激活农村学校发展的源动力"的诸多举措。

"全面育人"就是以"培养全面发展的人"为出发点，让每个学生受到关注，得到关怀、尊重和重视，享受属于自己的快乐和成功。学校不放弃每一位学生，并让每一位学生的潜力得到充分发展：在学业上获得成就，在个性、特长等诸方面获得技能，成人成才，着眼未来，关注学生终身发展。

"和谐发展"是学校文化的内涵，即和谐的育人氛围。意指学校内师生之间团结友爱、互相促进，校园人文环境的和谐搭配和学校与家庭、社会之间的和谐共处。创建人文校园、书香校园，把学校建设成师生成长的摇篮、精神的家园、生活的乐园，彰显学校和谐的魅力。

在核心价值观的指引下，学校办学目标和育人目标更为凸显。其中，办学目标为"创建一所环境优美、文化浓郁、德智并重、师德高尚、学风优良、社会满意的农村优质校"。

育人目标为"培养具有家国情怀、担当意识、健康体魄、勤学品质、创新精神、坚强毅力的新时代中学生"。

为达成育人目标和办学目标，坚持走"全面育人，和谐发展"之路，学校坚定不移地实施了多项改革创新行动，具体表现在以下几方面。

◎ 构建全方位课程体系，激活学校长远育人的源动力

学校秉承"课程即育人"的思想，确立了"拓展学生思维，培养学生能力，张扬学生个性"的课程理念，走上了课程建设的多元化、体系化、网格化和个性化发展之路，经过三年的探索与研究，实现了"课程多元化，能力可视化，素质多样化"的课程愿望。

（1）研发丰富多彩的校本课程。学校充分利用师生资源，激活师生的创造性思维，在课程理念的指引下，陆续研发了涵盖人文、科技、艺术、体育、综合素养在内的 41 门校本课程，丰富了学校多元化课程体系。2013 年 11 月，学校在山东省素质教育论坛上代表滨州市做了《特色课程，助力学校发展》的典型报告；学校的课程研发经验被教育部主管报刊《语言文字报》专题报道。

（2）与时俱进研发卓越课程。学校以学生核心素养的具体内容为参照，进行了新的课程整合。比如语文学科的单元主题学习活动、创新写作实践研究等；数学学科开展的研究性学习活动、数据里的科学研究等；英语学科开展的读英语名著、看英文电影等，实现了课程资源的整合运用，研究性学习，实践性运用成为我们新一轮课程研发的主流，这些课程资源的运用，都与学生的诸多核心素养息息相关，比如国际视野、人文情怀、思考批判等，这为学生核心素养的提升提供了更多的机会。

◎ 打造优质课堂，激活优质教学恒久的源动力

在核心素养背景下，我们要重新审视教与学的关系，围绕真实情境中的问题展开探索，激发学生的原有经验，促进学生主动学习，满足不同学生的需求，促进相关素养的培养。

（1）开创"137"课堂教学模式。在新课程理念的引领下，学校多次开展了课堂教学方面的变革行动。学校在山东省课程中心的支持下，形成了"137"课堂教学模式："1"即一个理念：学生自主管理自主学习；"3"即

三个支架：管理支架：小班＋小组自主管理；助学支架：助学案的编制和小组的使用；教学支架：互动式教学课堂的组织与评价。"7"即七项流程：①问题梳理，归纳整合；②小组交流，合作探究；③展示互评，质疑点拨；④归纳结论，阐释评价；⑤概括生发建构体系；⑥应用训练，拓展提升；⑦盘点收获概括生发。

这一教学模式，核心思想就是把学习的时间更多地给予学生，鼓励学生在自主参与下，质疑探究，总结归纳，并适时进行合作交流，智慧共享，从而为学生核心素养的提升搭建了思考的平台。

（2）实施"助学案"革新。课堂变革永无止境，我们与时俱进，进行了助学案的改革，实现了"四案一体"，同时，把研究性学习、主题学习模式引入课堂，并成为师生共同参与的学习模式，致力于让学生更多地参与学习、探究活动，让课堂更高效。我们多次选派骨干教师，参加了各级基于核心素养的课堂观摩、比赛活动，在学习中汲取经验，在比赛中收获历练。

（3）开展复习课的专题研究。为提升复习课教学效率，积累复习课教学的经验，构建学校的复习课教学模式，学校开展了以复习课为课型的课堂教学大赛，并集中进行了专题教研活动。活动中执教教师说课与评委评课相结合，观课议课与专题研讨相结合，答疑解惑，相互启发，最终形成了学校的复习课教学模式，增强了复习课教学的效益。

◎ 力促自主发展，激活教师专业成长的源动力

美国著名的管理学家梅考克曾说过："管理就是一种严肃的爱。"即严中有关怀，爱但不放任、放纵。我们学校把这一思想引入对教师们的管理工作中，秉持的原则就是"严肃"前提下的"爱"，让每一位同事都有存在感。

（1）关注教师心理，营造和谐共荣氛围。学校适时组织包括班主任、级部、女教工、全体教工各个层面的团队心理活动和户外拓展活动，通过冥想、绘画、人椅等专业测评手段和趣味活动，让教师们在全心参与中获得有益的启示，释放自我，发现自我，并在团队活动中感知到了自我的重要性和同事的重要性，从而营造了和谐共进的良好氛围。

（2）搭建平台，给每位教师展现风采的机会。学校定期开展教学教研主题讲坛活动，在级部推荐、个人申报的基础上，每一期的主题论坛都有3～4位教师担任发言人，讲述教育故事，阐述教育心得，分享教学感悟，把教师们从幕后推到台前，展现个人风采，收获同事的认可，从而让每一位同事拥有了存在感、价值感。

（3）关注成长，为教师专业发展助力。对教师真正的关怀就是关注他们的成长，让他们的教育生活和教育生命更加多彩。学校通过各种方式助推教师的专业发展。

◎ 坚持立德树人，激活学生德才兼备的源动力

学生管理是任何一所学校的重中之重。我们学校在学生管理方面，注重学生的自我管理，让每一个学生成为最好的自己。因为自我教育才是最好的教育，只有激活学生自我发展、自我完善的内驱力，学生管理才会实现精准有效。

（1）启迪学生的是非观念，形成自我的善恶标准。学校举行了"中学生十大最美行为""中学生十大最讨厌行为"的主题讨论活动，最终形成了统一的标准，公示到每一个班级，成为全体同学的行为指南，让每一位学生知道哪些可以为，哪些不可以为，对照标准，自我塑造，自我矫正，努力成为最好的自己。

（2）活动辅助，注重内化教育。管理的最终目的都应该发挥出内化的功效，这才是有效的管理。各级部围绕管理内化这一目标，开展了富有个性的活动。

（3）全员育人导师制，为学生健康成长保驾护航。劳店中学全体教职员工，也把激活学生成才动力作为自己教育教学的首要目标，利用课堂教学、全员育人导师制，适时对学生进行人格的引领与情感的塑造。

◎ 弘扬优秀传统，永续师生砥砺前行的源动力

实施精细化管理、民主管理是学校的优秀传统。在核心素养时代，学校为了更好地达成办学目标和育人目标，继续弘扬优秀传统，给师生搭建发展的新平台。

（1）中层团队成员人人都有自己的"十项务实工作计划"。每学期开学前，每一位中层成员都会给学校提交一份属于自己科室管理的"十项务实工作计划"。这份计划，集中体现了每一位中层成员在常规管理、特色管理、创新管理方面的设想及具体的行动路径，基本体现了一学期所要开展的重点工作。这一份务实工作计划，充分发挥了每一位成员的管理才能。既是一份承诺，也是一份深度思考。十项务实工作计划汇总后公示，请教师们监督执行。学期末述职时，对照十项务实工作计划，请教师们评价有没有落实，落实的效果如何，从而确保了管理的连贯性，避免了虎头蛇尾，雷声大雨点小。

（2）在级部管理中，删繁就简，力求实效，实现了由干预到参与，由监管到指导的跨越，让每一个级部都拥有自己的精彩。

◎ 整合社会资源，激活学校因势利导发展的源动力

办人民满意的教育，是学校一直不懈的追求。教育应该服务于社会，更应该借力于社会。学校整合社会资源，激活了学校发展的源动力。

（1）充分发挥家委会的作用。家长委员会是学校发展的重要协同力量。学校在出台一项重大决策之前，总会展开家长委员会，问计于家委会，征询意见，完善方案，并争取家委会在宣讲政策、措施推进时的支持，确保了各项活动的顺利开展。

（2）充分发挥社会爱心人士助学的作用。社会上很多热心教育、关注学校发展的爱心人士，学校积极为他们搭建了奉献爱心的平台。他们有的为学生提供给学生科技活动等实践基地，有的义务传授非物质文化遗产方面的知识，有的定期到学校开展法律知识宣讲等，这些资源，拓宽了学生视野，陶

冶了学生情操，提升了学生技能。

核心素养时代，全面育人，和谐发展，需要不断挖掘学校源动力，学校才能实现可持续发展。相信山东省滨州市阳信县劳店镇中学在这一核心价值观的指引下，一定会培育出新时代优秀中学生，创办出优质的农村初级中学。

责任中高效，高效中发展，发展中追求

劳店中学始建于 1958 年，原名阳信第七中学，位于阳信县劳店乡驻地东北部。

多年来，我们全面贯彻党的教育方针，形成了"培养学生良好习惯，培植学生内在成长原动力"的办学理念，伴随着几代教师的辛勤耕耘和历届学生的成长，劳店中学稳步发展，赢得了社会的尊敬、家长的信赖和学生的热爱。学校先后获得了山东省普通中小学"1751"改革创新项目学校、"山东省行风建设先进单位""滨州市规范化学校""滨州市教学示范学校"等荣誉称号，并先后接受了"滨州市德育示范校""滨州市教育信息化示范学校"、滨州市首批义务教育阶段"课程实施优秀学校"的评估验收。

新课改，对我们学校的发展提出了更高的要求。作为一所普通乡镇中小学，要在课堂教学、教育管理上有新的突破，必须要有科学的管理理念做先导。结合我校诸多年发展的历史积淀，我们形成了自己的治学思想。我校的办学方针是：靠开拓求发展，以质量求生存。办学目标是：创建人文校园，追寻内涵发展；打造自身特色，铸就品牌学校。为了实现这一目标，我们确立了培养学生良好习惯、培植学生内在成长原动力的办学理念。

◎ 坚持"以人为本，以心育人"，为学先立德

"百年大计，育人为本"，我校始终坚持"德育首位"的做法，将"立德"融进了我校的思想内涵，学习以自立，用德行为人。学校施行全员育人导师制，

围绕"如何培养学生做人"这个课题，将文明礼仪教育渗透到学生成长的每一天，引导学生做一个懂文明、讲礼仪的新青年。学校举办了文明礼仪知识讲座，并设立了文明礼仪监督岗，定期评选文明礼仪标兵，在校园倡导人人是文明代表，处处是礼仪之举的风气，让文明礼仪成为学校的内涵文化。

有这样一句话至理名言，那就是："心态决定行为，行为决定习惯，习惯决定性格，性格决定命运"。为了给学生创造绿色心理环境，我校自2008年起把心理健康教育作为素质教育的基本点，德育工作的生长点，智育和德育的结合点，扎实而稳妥地开展工作。我校许丽华教师多次参加省内外的心理健康知识培训，她举办的有关结合心理健康教育科学育子的两次家长会讲座反响强烈。多元化的德育途径为创建绿色学校、书写绿色人生提供了强有力的保障。

树立终生学习观念，形成学习型组织，关心教师的专业成长，使"学习至上，发展至上"成为教师的自觉行为"问渠哪得清如许，为有源头活水来"，面对新课改，教师必须更新观念，变"管用终生"的一次性教育为"终生教育"，才能适应当今社会科学技术不断发展的要求。学校在办学经费紧张的情况下，采用走出去，请进来的方法，全面激发广大教职工提高自身素质的积极性。

◎ 追求"教为不教，学为创造"的至高境界

我校坚持走科研兴教之路，以研促教。首先，我们在备课上下功夫。集体备课是我校沿袭下来的优良传统，目的是使同学科教师发挥集体优势，达成资源共享。每人分备一个单元，提前拿出教案，然后大家商讨、切磋，添加个性化的内容。其次，在课堂教学上下功夫。课堂教学是实施素质教育的主渠道，为此，我校加大了课堂教学的改革力度。我们改变了原来备课、上课的简约环节，把整个教学过程拓展为一人牵头备课—说课—上课—评课—反思—整改六个环节，要求人人能上精品课，人人有精品课例。为了探索新的课堂教学模式，提供广大教师的授课艺术，更好的推进课程改革，学校广

泛开展观课议课、推门听课、跟踪听评课、外出学习汇报课、骨干教师示范课、研究课，名师讲坛，教学反思撰写等活动，初步形成了以学为主的"自主、互助、开放性"课堂教学模式。这一模式的核心理念就是重视先学后教，注重学生的自主学习，鼓励学生大胆质疑，实现同伴互助，"兵教兵"，让学习效益最大化。同时注重教师专业基本功、通用基本功的训练。

实施开放、民主、平等、和谐、生动、活泼的教学，为学生张扬个性、放飞理想插上了翅膀

我们积极营造开放、民主的教学环境，着力建设高品位的校本文化，为发挥每个学生的爱好特长、关爱每个学生的进步和发展，搭起了终身发展的基础平台。德育处通过升旗仪式、校园广播、网络电视等形式开展了感恩教育、惜时教育和自信心培养等一系列活动。学校在积极开展课堂教学研究的过程中，也非常重视第二课堂和特长生的培养，各学科都成立了课外兴趣小组，定期开展活动。如演讲比赛、书法比赛、越野赛、拔河比赛等，这些活动丰富活跃了校园生活，培养了学生兴趣和能力，使学生们的身心得到了锻炼和熏陶。丰富多彩的各种活动，促进了学生们身心健康成长，为同学们营造了广阔的智慧生成空间，让每个学生的个性充分得以张扬。

对于校本课程的开发，学校成立了由校长室、教导处、德育处、各学科负责人等组成的课程指导委员会，编制开发了符合本校特色的《村名来历》《民俗民谣》《文明礼仪教育》《启航》等校本教材，既学习文化知识，丰富文化底蕴，又让学生受到了传统文化的熏陶。我校还积极为教师们开辟校本学习与开发的资源，我校在教育门户网站 —— 中国教育人博客，建立了学校教师的博客群，教师们在上面发表博文，学习名家名师的教学经验与思想，交流心得，实现资源共享。我校的张如意教师先后两次被授予"博客之星"称号。

在课改新理念的引领下，我们愿意传终身学习之道，燃人生成才之火，用我们的热血丹心铸民族之魂，塑中华脊梁，造社会中坚，逞时代风流，领世纪风骚，用我们的丹心热血携手绘制劳店中学美好的蓝图。

立足创新实践，坚持内涵发展

◎ 坚定不移地走精细化管理之路

2013 学年，学校继续探索精细化管理之路，力求高点定位，从大处着想，细处着手，不断提升管理实效。

中层团队建设方面，学校坚持管理团队读书活动，每周五下午第一节课，是专属中层的读书交流时间，团队成员或是阅读管理方面的书籍，学习内化；或是聆听外出培训中层的学习体会，增长见识；或是回顾本周收获与反思，积累经验；学校进一步修订中层管理周报表，涵盖上周工作回顾、下周要事预报、管理格言分享、安全工作提醒、课程课堂会商、亮点问题捕捉等，以汇集管理思想，凝结管理智慧；大家按时撰写、提交周工作日志，见证管理足迹，积淀管理经验，总结工作中的得失。

教师成长方面，为每一位教师的专业成长铺路。合理配备教师资源，实现人尽其才，把教师素质提升和专业成长放在学校发展的重中之重的位置。重视教师培训学习，不失去任何机会，有计划、分批次让教师们开阔视野，拓展素质。注重挖掘本校人力资源，从实际出发，借助青蓝工程、结对帮扶、名师讲座、教学示范等活动，充分发挥本校名师的带动辐射作用，增强教师的进取意识。积极鼓励、认真组织教师参加网络研修等各种形式的继续教育，连续三年名列全市前十。倡导读书、研究、做学问，引导教师走出经验型，努力向研究型、专家型教师发展。坚持"校长有约"读书活动，给班主任、任课教师提供静心阅读的时间，让大家在阅读中修身养德；重视新教师的专业成长，成立了新教师成长工作室，制定系统的教师成长方案，通过个人研修、团队互助、专业引领、活动促进、培训侧重、外校挂职等方式，开辟专门通道，促其快速成长为学校骨干；重视教育交流平台建设，定期开展命题博文活动，将其作为提升教师学科素养的重要载体。王立新教师成长为省综合实践教学专家、市名教师工程培养人选、张如意教师在《中学语文教学参考》杂志社全国百佳语文教师评选中，成绩突出，获得"百佳语文教师"称号；王建勇、李建峰、吴秀华三位教师入围县三名工程海选；在刚刚结束的全县教职工汉字书写与经典诵读比赛中，我校选手齐心协力，获得团体总分一等奖，再现优秀团队风采。

学生成长方面，我们继续坚持全员育人导师制。注重"思想引导、学业辅导、生活指导、心理疏导"，实现"教书育人、管理育人、服务育人"的有机统一。我们的入学军训、离校毕业典礼，都精心组织，给学生一个完整的初中生活，一段圆满的成长经历；在学生文明礼仪教育方面，我们创新工作，成立学生文明礼仪部，设立监督岗，同时，通过法制报告会、演讲比赛、专题征文等活动，呼唤学生心中常驻文明礼仪的种子。

在班级管理上，倡导"小班制"班级管理新模式。将一个完整的班级根据学生的性别、性格、学习现状、最近成长区等指标，划分为不同的"小班级"。每一个独立的小班级都有属于自己的管理团队，负责小班级的日常工作。从卫生、就餐、自习、纪律、活动等各个方面进行自我管理。每天有行为量化，每周有管理数据的统计与总结。这样的管理，便于发挥每个同学的主观能动性，人人是小班级的成员，人人参与班级管理，既有竞争又有合作，比学赶帮超，学生的学习、成长积极性明显增强。

◎ 坚定不移的规范落实课程

课程开设集中体现一所学校的办学水平，也是衡量学校教育教学质量的重要标尺。我校全面落实省课程方案和三级课程的设置与开发，严格做到开全课程，开足课时，遵循教育规律和学生成长规律，多措并举，切实减轻学生课业负担。

关注薄弱学科。在新课改背景下，我校加大了对薄弱学科的提升力度，管理团队包科目，及时动态管理；构建薄弱学科研究团队，加强专职教师培训力度；定期举办主题教育活动和实践活动促进薄弱学科建设，培养任教教师学科成就感，提升薄弱学科地位与品味；注重薄弱学科的评价激励，提升学科发展潜力。

夯实特色课程建设。学校的特色课程，坚持以人为本，多元发展，以弘扬个性，开阔视野，发展特长，培养学生对学校、对家乡、对祖国的关注和热爱，增强学生的社会责任感，树立正确的人生观、价值观，为学生的持续发展奠定良好基础；同时不断增强教师的课程意识，逐步提高教师课程开发与实施的能力，促进教师专业化成长。迄今为止，学校在综合实践、心理健康、校本课程、阅读课程、劳动课程、特色体育课程和德育课程等领域的探索已经被充分认可，起到了一定范围的引领作用。值得一提的几件事：①张云田教师负责的国际象棋和孙永彬教师负责的机器人编程作为新兴的课程项目，所培养的团队在市级比赛全部获奖；②教师在开发过程中找到了新的自信和发展方向，在学校优质课程资源评选中，我们所报的课程资源全部在县内获奖，并有 11 门课程推到市级评选。③学校申报的《初中研究性学习课程资源开发与学生综合能力发展的研究》作为省教育规划重点子课题立项，在刚刚结束的开题会暨学术交流会上，作为以校为本课程资源基地的代表，我校牛花蕾教师以说课的形式展示和分享了她的校本课程——《趣味数学》，得到了省专家好评和认可。④内强素质，外树形象，在刚刚结束的省素质教育论坛上，我校与邹平第一小学校代表全市做了课程改革方面典型发言，我们的主题是《特色课程，助理学校发展》，得到了省课程中心主任齐健教授的赞许。

◎ 坚定不移的倡导教学创新

县教体局提出课堂教学创新要求，我校以此为契机，在学期课堂达标活动的基础上，在各学科组再一次掀起了立标、达标、听课、磨课活动的热潮。

开展了校级优质课评选活动，给教师们提供了践行教学创新的平台；我们组织20余名骨干教师，聆听了魏书生等多位名师的专场报告，从教学创新方面，对教师们进行理念的引导。

◎ 坚定不移地打造安全校园

安全工作无小事，我校始终把校园安全工作放在首位，学校安全处带领全体管理人员各负其责，细化到日常的教育教学、岗位督导、食堂餐厅、宿舍管理等。定期召开专项督导会议，对于各季节、各时段的各种安全隐患，及早布置，及早检查，做到防患于未然。

精细管理，必然赢来丰硕的成果。我校本年度先后荣获县初中课堂教学改革示范学校，家长委员会工作示范学校，市"三项活动"创建先进单位、年度中小学管理优秀学校，初中教学教研工作先进单位，滨州市五好关工委，年度学校管理观摩优秀单位等荣誉称号。在中考和综合督导方面，我校也创下了连续三年乡镇第一的佳绩。

随着学校社会满意度、领导认可度的逐年提升，我们肩负的重任也越来越多。本学期，我校陆续完成了滨州市语言文字规范化示范校、滨州市课程实施优秀学校、滨州市零犯罪学校、滨州市心理健康教育示范学校的创建工作。相信经过我们全体师生的共同努力，这些创建工作会取得理想的成绩。

各位领导，各位教师，在看到成绩的同时，我们应清醒地认识到，我们的工作还有很长的路要走，办学条件仍需改善，教育理念仍需更新，课程实施仍需深化、文化建设仍需提升，办学特色亟待加强。我们将继续以扎实的工作作风，和谐的人际关系，温馨的人文环境，激情的工作状态，向着更高更远的目标奋进！

教学改革四部曲，激活发展源动力

劳店镇中学地处滨州市东北部，半个多世纪的文化积淀，赋予学校稳健与创新、内敛与灵动的风貌。

自从成为山东省普通中小学"1751"改革创新工程项目学校以来，学校搭乘内涵发展的快车，整体推进改革，焕发出生机活力，全面激活农村教育发展的源动力。学校在课程文化建设、课堂教学改革、教师专业成长、学生人格塑造方面，特色鲜明，发展势头强劲，可谓之改革四部曲。学校连续三年在学业水平考试中稳居全县头名，稳居上线率与优秀率双第一。

◎ 第一部曲：构建课程文化，学校发展的助推器

课程建设体现学校的教学水平，直接影响人才培养质量。未来学校的竞争，很大程度上取决于课程建设的竞争。学校坚持素质教育，尊重学生成长的规律，扎实而稳妥地开展了课程的研发工作，形成综合实践、心理健康以及校本课程组成的课程文化体系。

（1）构建校本课程研发体系。校本课程研发，是劳店镇中学特色创建的重要内容。挖掘本土资源，提炼学校的课程文化，构建校本课程体系，也是他们的梦想。

成立研发小组，完善研发方案。按照《2012年劳店镇中学校本课程开发实施方案》，启动学校校本课程开发工作，实行"决策小组—执行小组—评审小组"三级管理，精心打造研发团队。学校抽调了在学科教学与研究方面有见地、有思想的教师，担任课程研发的主力军，召开了动员会，统一思想，明确任务，安排了集体备课时间，实施跟踪听课、指导、学生问卷等方式，确保课堂受欢迎，内容有价值，课程有意义。

拓展课程领域，创新活动形式。在课程开设方面，学校认真落实国家、地方、学校三级课程的设置与开发，开齐课程科目并开足课时数。尤其在音、体、美、综合实践活动等课程的开设过程中，做到逐一检查落实，并将课程表上报教育局进行审核，确保国家课程全部开设到位。结合学校实际，陆续开发了回味从前、走遍家乡、科技创新、国际象棋等12个门类的校本课程，形成教材体系，丰富的课程内容让孩子们从科技、人文等多方面获得有益的启发。

随着研发的深入，进行课程的教学与再次开发，实现课程效益的深化与升华；开发了阅读课程，让孩子们在阅读经典中滋养心智；开发了劳动课程，让学生们在亲手的实践中，感受劳动的魅力，体验汗水的味道。我们的新校刊《濡翎》，成为宣传展示我校风采的窗口；我们的网站，与命题博文活动紧密结合，成为教师们沟通交流、相互学习的平台。

加大管理力度，确保研发实效。在校本课程研发方面，我校不惜投入人力、物力、财力，全面开展研究。为了实现预期的目标，学校加强管理力度，提高备课、教学效率。迄今为止，学校综合实践课程、心理健康教育、特色课程开发、阅读课程、特色教学法打造、德育课程、劳动课程特色起到了引领作用。只要坚持科学，永续创新，我们的教育会更加焕发生机。

（2）研究开发实践课程。我校注重综合实践课的研发，开展了一系列较有成效的探索。综合实践课程的开发，锻炼学生的综合素养，有助于学生实践能力的提升。

打造高素质综合实践的教学团队。学校精心挑选了研发热情高、能力强的教师组成学科团队，制定完善的研发计划，商讨活动方案，确定活动目标及任务，定期开展教研活动。研发小组独立承担综合实践教学国家级课题，积累真实而丰富的第一手的研究资料。承担了教育部基础教育课程改革综合实践活动项目组的课题《综合实践活动学生创新能力的开发与培养》的研究，创建了综合实践网站，成为全国综合实践教育界小有名气的研究阵营。

完善发展综合实践"1153"实施方略。研发了24个实施体系，其中包括教法体系、教材体系、教案体系、网络平台体系、杂志体系、特色体系、课堂体系、培训体系等。在省课程中心专家的诊断与指导下，我校对原有的

"1153"实施方略,进行了调整,将原有的 24 个实施体系,整合成了 6 个板块,便于资源的相对集中。王立新教师多次被聘为省级培训指导专家,他主编的综合实践资源包,作为全国通用的综合实践资源材料,被教育部综合实践教材编写中心出版发行。

开展丰富多彩的实践活动。包括研究性学习,建绿色阳光校园;社区服务,营造健康生活环境;劳动技术教育,破牛仔裤的"新生";社会实践,我做交通安全员等。综合实践课,在问题追问技术、教师的问题设计技巧以及教学基本功方面,进行新的探索,开始尝试组建校内的资源,科学的拓展社会资源。

(3)有效探索心理健康课程。校本课程《心理健康教育》,丰富了课程资源。结合学校实际,我们开始体验式团体心理辅导的应用尝试,得到广大学生的喜爱。开展 3 期班主任的团体心理辅导活动。活动主题"为生命加油",疏导情绪,缓解压力;培养团体合作互助精神;促成成员的互动状况,改善人际关系,提升班级管理能力。活动主题"重塑心灵",改变认知,提升自我解压能力,培养团体合作互助精神,促成成员的互动状况,改善人际关系。活动主题"关注健康关爱生命",提高健康意识,学会个人保健,认识爱与健康的关系,提升爱的能力,提高班级管理水平。

与时俱进不断丰富课程内容。随着教师们不断外出学习,采用绘画、冥想、放松训练、系统排列等形式,使体验式团体心理辅导的内容不断丰富,实用性更强。我校提出《体验式团体心理辅导在中学生班级管理中的应用研究》的省级课题被立项,通过一年多精心的研究,积累了大量的真实资料,完成了高质量的研究报告,顺利通过了课题组验收。同时,成立了心理辅导中心,吸纳了对心理学感兴趣的几位班主任,共同开展工作。学校安装了心理管理系统软件,对部分班级建立了心理健康档案,便于教师更好地了解学生的情况。

(4)设置自由精彩阅读课程。让阅读成为一门课程,也是我校努力的方向。书香校园最真实的场景就是书声琅琅,书香扑鼻。我们在阅读课程研发方面,创新工作,实现了人人有书读,人人乐读,阅读经典,积淀智慧。

设置图书驿站,自由阅读最精彩。为了发挥校园图书的作用,实现人人有书读，时时有书读，学校将图书室内的图书按照年级特点，分配到各个班级。在教学楼走廊墙壁上，设立了"图书驿站"，让学生自主管理，自由取阅，用书籍"装饰"墙壁，别出心裁，实现了阅读的常态化。

执行阅读考级制度，力促书香校园建设。每个学期都对在校生进行集中的阅读等级考试。考试由相关学科教师，根据阅读范围，命制考级题，统一检测。考试通过的同学，将获得相应的等级认证，直至等级考试全部结束。激发广大同学热爱阅读民族经典，传承传统文化。

设立阅读课，统一读书笔记。学校在每周设立一节阅读课，由语文教师在数目推荐、阅读方法等方面进行指导，同时交流读书经验，分享读书心得。学校每天的第八节课时间，全是阅读时间，学生根据自己选取的书籍，自由阅读。学校统一设计了读书笔记，让学生在阅读的同时，做好积累，及时写下自己的心得，为写作提供丰富的素材，更重要的是在阅读中陶冶情操，锤炼思想。

◎ 第二部曲：课堂教学改革，学校发展的核心力

课堂教学是教师体现生命价值的场所，更是体现教育教学效果的主阵地。课堂教学改革，对于提升教师教学水平，提高课堂教学效率，意义非凡。在新课改背景下，我校立足现实，积极推进教学改革。

课题带动，确保课堂教学改革的实效性。我校重视教科研工作，鼓励广大教师积极投身于教育科研，在课堂教学改革方面，鼓励教师们积极参与课堂教学的创新研究。语文组申报的省级课题《诗意语文阅读教学研究》《原生态阅读教学研究》，经过两年的系统研究，积累了丰富的成果，顺利通过鉴定验收。认真扎实开展课题研究，探索出科学有效的教学之路，带动学校课堂教学改革的深入。

打造个性课堂，积极探索新的教学方法。重视个性教学，追求精彩高效的课堂。我们学习借鉴各地名校的先进经验，结合我校实际，逐步形成了"自主—互助—开放"这一大框架的教学模式。随着"1751"工程的深入，在维系原有的"自主—互助—开放"整体教学模式的前提下，拓展工作思路，以

个性带动整体发展。尝试"1+*n*"的课堂教学法打造。"1"是遵循我校的整体教学模式，"*n*"是根据自己的学科特点，在教学目标、教学思路、教学方法等方面有独特的个性设计。追寻百家争鸣百花齐放的教学方法，率先在语文组推进了特色教学法的打造，构建了自己的教学法体系。学校精选五位教师作为"首批课改先锋培养人选"，通过"教学法初建、说课、教学设计、课堂教学、指导点拨、课堂反馈、撰写教学法研究分析报告、专家诊断"等达标活动，验证模式的合理性、可操作性。对于拓展我校课程资源，提升教师素质与专业素养，产生了深远的影响，推进我校教育改革的进程。我校采取"1+1"的工作方案，各个学科都陆续开展了特色教学法，教学呈现出丰富、个性、活泼的格调。

"减负增效"，大力推行作业改革。作业是检测学生学习效果的主要载体，为教师的教学提供科学的导向。在作业上，凸显"四追求"：设计上追求独特，要求教师们在设计作业时，既安排必做题，也安排选做题。保证不同学习基础、学习层次的学生，都能在作业中获取知识，印证自己的价值。让学优生、中等生吃饱，让学困生吃好，体现因材施教的教学思想。设计实践性作业，提倡结合学科特点，充分利用本土资源，布置实践性的作业，让学生们从实践中运用知识，在运用中探究，在探究中进步。例如语文学科利用节假日，搜集整理一些关于节日习俗、传统文化的知识；数学学科利用房屋、桥梁等建筑，设置一些几何体的知识；物理、化学学科可以让学生走进广阔的生活天地，对用电常识、灭火器使用、食品添加剂等知识进行实践探究，或者进行科技小制作；生物学科可以利用植物的嫁接知识，让学生进行有效的尝试等。通过这些活动激发学生的学习兴趣，提高他们的探究能力、动手操作能力，大大拓展了学科资源。

形式上追求创新。我们逐步摒了以往的学生写、教师批，简单的判定对与错的做法，在形式上增添了新的内容：教师寄语。教师根据学生近期的学习状态，或者课堂表现，在作业封面上写一句富有激励性的话，以此勉励学生。也可以在学生作业之后，写上对该生的一些学习建议、温馨提示等。这样的寄语，发自教师真实的情感，不是机械的摘抄，是师生真实的情感沟通，同学们拿到作业后，总是沉浸在教师的寄语中，感动于教师的细心，作业完成得更加认真了。留言台。这是师生互动的一个内容。教师可以把对学生在学生方面的建议等通过留言的形式，让学生知晓，学生也可以把自己在学生上的困惑、疑难或者心里话写给教师，实现了师生的文字沟通。作业补白。这是作业本上的开放区域。学生可以在此书写本次作业之外的心得，也可以记载心情，或是生活偶得等。

机制上追求完善。我们还通过多种方式对学生的作业进行掌控：作业调查表。学校统一设置了学生作业调查表，由各班的学习委员掌握，详细的记录一天内各位教师的作业布置情况。从作业量、作业内容等方面进行记录、反馈。此表每天上交到学校教导处，教导处将对各班级的作业情况进行量、质的分析，并与第二天反馈给教师们。这一做法有效避免了教师们布置过多的作业，挤占同学们的时间，加重同学们的作业负担。早上集中提交作业。我们倡导学生今日事、今日毕，提高作业完成效率。

◎ 第三部曲：教师专业成长，学校发展的动力源

教师是学校发展的首要资源，教师的走向决定学校发展的走向，教师能走多远，学校就能走多远。现在，每一所学校，都无一例外地关注教师的专业成长，提升教师队伍整体素养。很多名校，更是站在"培养阳信未来教育家"的高度，创造条件，促进教师的成长。近年来，我校坚持"弘扬师德，提升教师素养；注重养成，培养学生习惯；聚焦课堂，提高教育质量；文化引领，提升学校品牌"的办学思路，凝心聚力、更新观念、奋发作为，把教师的发展与专业成长看作是学校可持续发展的重要因素，采取了一系列的举措，努力促进教师的专业成长。

（1）强化师德建设，营造良好校风。师德建设是办学的基石，师德建设跟不上，学校的发展无从谈起。

加强师德学习。一个人的大脑，积极的东西不去占领，消极的成分就会乘虚而入。我校开设了"校长有约"教师读书活动，每周二、三下午都会邀请部分教师一同读书，积极向教师推荐书目、推荐文章，教师静心阅读，认真交流阅读心得；学校工会、团委定期推荐感人视频，净化教师心灵，升华

从教情感，让教师们的思想时常沐浴在高尚师德的春风中，荡涤庸俗思想，从而坚定职业理想。

形成校本师德制度规范。结合本校的实际，我们形成了《我的师德誓言》等一系列规范教师言行的校本制度规范，其目的是约束教师的不规范行为，从约束形成习惯，激励教师向着自己心中的誓言目标前进。

开展职业道德教育活动。师德实践是我们长期以来形成的风尚。我们定期开展师德演讲比赛国旗下师德演讲及各类教师文体活动，抓住某一时机，感恩教师、激励教师的工作情感，以活动为载体呼唤高尚师德，激发工作激情，营造宽松、民主的工作氛围，建设积极向上、团结和谐的教师精神文化，让教师们切身感受到了为人师的光荣，职业的幸福。

（2）加强学习与反思，促进专业成长。倡导教师读书。学校启动了智慧读书行动，引领教师与书籍为伴，握手经典与大师对话。我们认为，"学习、读书是给教师最大的福利。"学校每年订阅几十种教育专业刊物、各学科的专业期刊以及人生励志的书籍。随着读书行动的深入展开，学校提出了"读教结合，读研结合"的学习策略，把读书、教学、教研融为一体，引导教师学习理论，研究方法，优化课堂，解决教学问题。同时，为了增强实效性，要求教师养成不动笔墨不读书的习惯，及时摘记和撰写感悟，做到读思结合。

倡导教师写博文。为了搭建反思交流平台，激发教师自主发展的情感，我校注册了正式版的网校，建立了学校教师的博客群，学校定期开展命题博文活动，针对某种教育现象、教学活动，让教师们畅所欲言，发表内心观点，交流心得，实现资源共享。我们认为，教师撰写博文的过程，就是很重要的反思与积累的过程，将自己的思想化作文字，是教师智慧的提升与沉淀。为保证博文的质量，整个过程我们有检查、有评价、有反馈。博客建设，已经成为我们教师成长的最优化平台。

（3）落实教师培训，强化专业引领。实施"青蓝"工程，壮大骨干教师队伍。学校充分利用本土资源，发挥骨干教师作用。通过"名师讲坛"等形式，有针对性地让校内名优教师谈经验体会，做专题讲座、上观摩课，实行"一对一"的结对成长模式，发挥本校名师、教学能手、学科带头人的带动作用，使教师们升华教育理念，梳理工作思路，感悟教育内涵，增强进取意识。促进新教师的快速成长，为学校的教师队伍培植新生力量。

扎实远程研修。对每年的暑期远程研修，我们高度重视，研修前动员，研修中调度、指导，研修后总结，夯实研修的每一个细节。制定了详实地研修方案与制度，并抓好各层面的落实，倡导教师们认真学习、磨课，不走形式，珍惜机会，自我提升，做一名幸福的教师，学校每天把研修督查情况汇总形成简报，有表扬、有评价，有要求，有建议。

一个人能走多远，要看他有谁同行；一个人有多优秀，要看他有谁指点。为了让学校的教师有更多的学习机会，我们依托山东省"1751"改革创新过程项目学校的背景，先后选派了30余人次远赴青岛实验初中挂职培训一周。培训教师采取"一对一"帮扶模式，通过观摩课堂教学，参加教研活动等方式，促进自身专业素养的提升。教师们珍惜机遇、心系责任、不辱使命白天学习、听课、评课，晚上总结整理学习日志，当晚由带队领导审阅、评价、反馈、修改后汇集成简报，发回学校，第二天各校打印发到各教研组，形成了关注挂职学习、了解外面世界的无形网络。与此同时，在省市县举办的优质课评选中，我们也积极选派教师参加观摩活动，让我们的教师走近名师，丰盈自己的教育人生。

强化教师基本功训练。学校开展了丰富多彩的活动，制订了切实可行的训练计划，制定了评价标准，开展了粉笔字"天天写，日日展"、钢笔字"天天练、周周交"、毛笔字"天天练、周周评"活动。活动力求实效，有奖励，有鞭策，让提高基本功水平成为教师们的一种自觉意识。

◎ 第四部曲：塑造学生健全人格，学校持续发展的基石

教育的最大价值，就是能陪伴学生走更远的路。我们的教育理想，就是要为学生一生的幸福奠定基础。一直以来，学校各项教育教学工作，均围绕这一目标展开。我们缔造了"立德为学"的育人思想，就是要从根本上激活学生成才的动力，实现学生个性的构建，人格的圆满。

以儒学经典为切入口，扎实施行文明礼仪教育。儒学是我们中华民族的智慧结晶，其文化内涵与思想精髓，是文明礼仪教育的重要内容。我校全面推行以"儒家经典"为主要内容的文明礼仪教育。在实施上表现为文明监督岗、学生会礼仪部的悉心工作。学校举办了文明礼仪知识竞赛，从理论知识与实践行为方面对学生的礼仪行为进行综合考量；还通过主题班会与专题演讲的形式，让文明礼仪的观念深入到每一个学生心中。我们倡导人人是文明之人，处处有礼仪之境的氛围，文明礼仪教育实现了约束到自觉。这正是学生自我成才的动力。

特色才艺，让学生生命尽情绽放。我校从培养学生的兴趣入手，开展了一些富有地方特色的才艺培养活动。我们古筝、葫芦丝兴趣班，在民族器乐的余音袅袅中陶冶学生情操；有武术表演队，一招一式中锻造；国际象棋，在方寸间感受乾坤自然之道；沙盘机器人，在思索与操作中触摸科技的最前沿。这些特色才艺，给学生打开了一扇通往外面精彩世界的窗口，给学生提供了一方扩充学科知识、培养兴趣、技能的平台，实现了人格的自我构建。

全员育人导师制，为学生健康成长保驾护航。全体教职员工，把激活学生成才动力，作为自己教育教学的首要目标，利用课堂教学、全员育人导师制，适时对学生进行人格的引领与情感的塑造。教师们利用学生作业中的留言台，与学生进行心灵的交流，一句句富有激励性、带有温暖情怀的语句，时时让学生感觉到自己沐浴在师爱的阳光里；教师们会在课余时间，邀请自己导师制负责的同学，进行面对面的沟通，问询他们的生活状况，关注他们的心理成长；每逢节假日，教师们都会给所负责的学生以电话、短信的问候，给学生送去真心的关怀。这些教育行为，给学生营造了足够安全的成长环境，也引领学生学会关爱他人。

一所学校，关乎多少个家庭的希望与未来，我们有义务让学生在校养成良好的习惯，塑造健全的人格，培养发展个性与能力。我们更有责任铸造学生的灵魂，为学生一生的成长铺路。

教师专业成长，学校可持续发展的动力

近年来，我校始终坚持"弘扬师德，提升教师素养；注重养成，培养学生习惯；聚焦课堂，提高教育质量；文化引领，提升学校品牌"的办学思路，凝心聚力、更新观念、奋发作为，把教师的发展与专业成长看作是学校可持续发展的重要因素，采取了一系列的举措，努力促进教师的专业成长。

◎ 强化师德建设，营造良好校风

（1）不断加强教师的师德建设。我校开设了"校长有约"教师读书活动，每周二、三下午都会邀请部分教师一同读书，积极向教师推荐书目、推荐文章，教师静心阅读，认真交流阅读心得。而且，定期举行"寻找教师的幸福"演讲比赛。在每学期初，学校按时举行"教师誓师大会"，且邀请部分学生家长代表参加，全体教师在写有"做高尚师德典范，当时代教师楷模"的横幅上庄严地签下自己的名字。学校工会、团委积极倡导"六戒六树"活动，还定期推荐"感动中国"人物事迹视频，让教师们的思想时常沐浴在高尚师德的春风中。

（2）形成校本师德制度规范。结合本校的实际，我们形成了《我的师德誓言》等一系列规范教师言行的校本制度规范，其目的是约束教师的不规范行为，从约束形成习惯，激励教师向着自己心中制定的誓言目标前进。

（3）开展职业道德教育活动。我校广泛征求各方面的意见，制定了转变教师工作作风的《五项规定》，开展教师"师德建设"主题教育月、国旗下师德讲话及各种教师文体活动，激励教师的工作热情，营造宽松、民主的工作氛围，建设积极向上、团结和谐的教师精神文化，让教师们切身感受到了为人师表的光荣、职业的幸福。

◎ 优化管理团队，促进专业发展

人才管理出真知，为教师的成长搭建平台，让教师们对学校产生信赖感，对工作拥有幸福感。

（1）教师队伍之管理人才辈出 —— 我们锻造了一支高素质的人才管理团队，这支队伍以服务学校发展、服务教师成长为宗旨，在帮助别人成长的同时实现自我的提升。我们坚持走精细化管理之路，同时围绕"精"字和"细"字打造了我们的管理格言：

精是指"兴精忠报校之师，立精卫填海之志，以精兵强将之力，走精诚团结之路"。各项工作追求精打细算，精益求精。

细是指注重细节，是一种创造，细节是一种功力；细节表现修养、体现艺术；细节隐藏机会、产生效益；细节凝结品质、释放效率。

这是《科室月工作规划表》，致力于培养管理队伍的宽广思维和创新意识，培养他们各项工作的时间性衔接能力，工作目标更为明确，针对性和实效性更强。这是中层周基层报表，这是延续至今的领导班子"九个一"内容，除此之外，计划外的工作，应急性的工作和创新性的工作我们用"校长周工作调度表"补充完善。

（2）优化教师队伍之中流砥柱。学校视班主任队伍为中流砥柱，高度重视班主任队伍建设，逐渐探索出了一条班主任优质化成长的新路：学校每学期对班主任队伍一次精心选拔，精心细致组织岗前培训；校长每月召开一次班主任经验交流会暨成长论坛，倾听班主任心声，最大限度为他们解决实际问题；级部每周召开班主任例会（问题汇总，集中解决，统一部署）。学校工会、德育处不定期开着班主任团体心理辅导、主题班会评选和班级故事分享等系列，有计划地对班主任进行了专业观念、专业知识、专业技能等方面的培训。学校班级评价体系完善，本学期，学校又制定并实施了《班主任月绩效考核办法》，以进一步科学管理班主任队伍，增强班主任工作干劲，促进班级管理工作高效开展。班主任团体心理辅导活动也开展得如火如荼，学校经常聘请专业的辅导教师为全体班主任做心理辅导，进一步增强他们的管理能力，优化其管理思想。

◎ 优化教师队伍，落实教师培训，强化专业引领

1. 实施"青蓝"工程，壮大骨干教师队伍

学校充分利用本土资源，发挥骨干教师作用。通过"名师讲坛"等形式，有针对性地让校内名优教师谈经验体会，做专题讲座、上观摩课，发挥本校名师、教学能手、学科带头人的带动作用，使教师们升华教育理念，梳理工作思路，感悟教育内涵，增强进取意识。学校成立了"新教师成长工作室"，将刚参加工作或者教学热情高的教师融合在一起，组成成长团队，通过理论学习、课堂打磨、课题引领等多种方式，促进新教师的快速成长，为学校的教师队伍培育新生力量。成立新教师工作室，通过科学规划、个人研修、同伴互助、学习反思、目标达成等方式，促进新教师的快速成长；

2. 扎实远程研修

对每年的暑期远程研修，我们高度重视，研修前动员，研修中调度、指导，研修后总结，夯实研修的每一个细节。制定了详实地研修方案与制度，并抓好各层面的落实，倡导教师们认真学习、磨课，不走形式，珍惜机会，自我提升，做一名幸福的教师，学校每天把研修督查情况汇总形成简报，有表扬、有评价，有要求，有建议。

3. 强化教师基本功训练

我们县教体局每年都会举行教师基本功大赛，我校以此为载体，时时掀起大练基本功的高潮。学校开展了丰富多彩的活动，制定了切实可行的训练计划，制定了评价标准，开展了粉笔字"天天写，日日展"、钢笔字"天天练、周周交"、毛笔字"天天练、周周评"活动。活动力求实效，有奖励，有鞭策，让提高基本功水平成为教师们的一种自觉意识。

一分耕耘一分收获。我校的教师成长，也不断取得可喜的成果。张如意教师先后在核心期刊《中学语文教学参考》刊发文章四篇，在《山东教育》刊发文章两篇；李志青、王洪山、李清华教师执教省级观摩课；马振梅教师获得滨州市优质课评选一等奖，多名教师的教科研成果获得省奖励。

4. 倡导教师读书

学校启动了智慧读书行动，引领教师与书籍为伴，握手经典与大师对话。学校每年订阅几十种教育专业刊物、各学科的专业期刊以及人生励志的书籍。随着读书行动的深入展开，学校提出了"读教结合，读研结合"的学习策略，把读书、教学、教研融为一体，引导教师学习理论，研究方法，优化课堂，解决教学问题。同时，为了增强实效性，要求教师养成不动笔墨不读书的习惯，及时摘记和撰写感悟，做到读思结合。定期开展读书活动和教师论坛，丰富教师的理论修养和思想内涵；定期各学科的沙龙对话，分享教育教学故事，梳理教学情怀；重视教师自我反思，开展反思交流会，在反思中凝结智慧。

5. 争做反思型教师

写一辈子教案，成不了名师，经常反思的教师，才有可能成为名师。教学反思的本质是一种理论与实践之间的对话，用反思来改善实践的效益，用实践来提高反思的质量。我们倡导教师们做反思型教师，在备课时用好前瞻性反思，在教学过程中多用过程性反思，教学后我校开设了"校长有约"教师读书活动，每周二、三下午都会邀请部分教师一同读书，积极向教师推荐书目、推荐文章，教师静心阅读，认真交流阅读心得多运用、多进行回顾性反思，以不断提高自己的总结和评价能力。同时要求教师善于将自己在实践中获得的真知灼见和宝贵经验，写成论文、案例和"教学日记"，并及时发布到网校。

倡导教师写教育博文，为了搭建反思交流平台，激发教师自主发展的情感，我校注册了正式版的网校，建立了学校教师的博客群，学校定期开展命题博文活动，针对某种教育现象、教学活动，让教师们畅所欲言，发表内心观点，交流心得，实现资源共享。我们认为，教师撰写博文的过程，就是很重要的反思与积累的过程，将自己的思想化作文字，是教师智慧的提升与沉淀。为保证博文的质量，整个过程我们有检查、有评价、有反馈。博客建设，已经成为我们教师成长的最优化平台。

6. 草根课题

我校立足实际，积极发挥自我优势，通过草根课题研究，以小课题，探索大问题，不断提升教师的研究水平。定期开展草根课题研究讨论会，每一个草根课题的负责人认真准备，把自己的课题组认为有价值的东西汇总成纲领性的文件，然后在讨论会上展示。最后形成定稿，在实际教学中应用。

7. 专家引领

珍惜和创造专家引领、领导引领、骨干引领机会，把握教师成长的专业方向，为教师的成长提供更好的人力资源；同时，我校也十分重视教育博客建设，将其作为提升教师学科素养的重要载体。

8. 加大培训力度

我校不断加大外出培训力度，把最好的福利送给教师。而且，不断开展校际交流，相互学习，共同提升。

以课程意识为基石，力促学校发展

◎ 在课程意识指引下，树立科学的办学理念

理念，永远是行动的先导。理念就是目标，就是信仰。没有理念的学校不会走得长久。理念只有适合自己才能走得更快更好。作为一所乡村中学，我们在课程意识的指引下，也在构建自己的理念。我们所坚持的原则是真实，不追赶时尚；踏实，不随波逐流。最终，我们确定的核心理念是：全面激活农村教育发展的源动力。这个源动力体系包括：学生成才的动力、教师成长的动力、家庭成功的动力、学校成就的动力。

学校发展愿景：文明校园、书香校园、生态校园、幸福家园。

教师发展目标：做有责任感、有成就感、有幸福感的教师。

学生发展目标：做崇德守纪、勤学善问、创新进取的少年。

学校精神：朴实无华、止于至善。

◎ 在课程意识指引下，构建学校课程文化

课程建设直接体现学校的教学水平，并将直接影响人才培养质量。未来学校的竞争，很大程度上取决于课程建设的竞争。在新的教育形势下，很多学校都把学校的发展定位在特色课程建设上。在学校课程建设方面，我们贯彻执行素质教育方针，坚定不移地落实课程方案，开足开全课程，同时，尊重学校发展现状以及学生成长的规律，扎实而稳妥地开展了课程的研发工作，最终形成了综合实践、心理健康以及校本课程组成的课程文化体系。

1. 综合实践课程

综合实践课程的开发，锻炼学生的综合素养，有助于学生实践能力的提升。我校一直注重综合实践课的研究，在综合实践课程的研发方面，走在了全县的前列，开展了一系列较有成效的探索。研发小组独立承担了综合实践教学国家级课题，积累了真实而丰富的第一手的研究资料，申请了国家记者站，承担了教育部基础教育课程改革综合实践活动项目组的课题《综合实践活动学生创新能力的开发与培养》研究并顺利结题，创建了综合实践网站，在省课程中心专家的诊断与指导下，我校对原有的"1153"实施方略，进行了调整，将原有的24个实施体系，整合成了6个板块，便于资源的相对集中。

心理健康课程有如下特色。

学校校本课程《心理健康教育》立足德育工作的生长点，智育和德育的结合点，扎实而稳妥地开展工作，大大丰富了课程资源。

我们的心理健康课程，主要立足于体验式团体心理辅导。开展了《为生命加油》《重塑心灵》《关注健康　关爱生命》等辅导活动。随着咨询师不断外出学习，新的技术与方法如绘画、冥想、放松训练、系统排列等形式使体验式团体心理辅导的内容不断丰富，实用性更强。2011年12月我们申请了以《体验式团体心理辅导在中学生班级管理中的应用研究》的省级课题并被立项，通过一年多的精心研究，我们积累了大量的真实资料，完成了高质量的研究报告，顺利通过了课题组验收。同时，我们成立了心理辅导中心，吸纳了对心理学感兴趣的几位班主任作为成员，共同开展工作。另外，我们

学校安装了心理管理系统软件，对部分班级建立了心理健康档案，便于教师更好地了解学生的情况。

2. 校本课程研发

在山东省课程中心的指引下，我校在特色课程方面做足了文章。我们结合学校实际，陆续开发了回味从前、走遍家乡、科技创新、国际象棋等 12 个门类的校本课程，丰富的课程内容让孩子们从科技、人文等多方面获得有益的启发，现已形成了自己的教材体系。随着研发的深入，我校继续扩大研发团队，让九年级在校生当"小教师"，担任执教者，利用课程教材，对初一学生进行课程的教学与再次开发，实现了课程效益的深化与升华。开发了阅读课程，即将每天下午最后一节课作为全校阅读课，让孩子们在阅读经典中滋养心智；开发了劳动课程，每周五下午第八节集中劳动，让学生们在亲手的实践中，感受劳动的魅力，体验汗水的味道。我们的新校刊《潍翎》以丰富的内容得到了各级领导的一致好评和赞许，已经成为宣传我校重大活动，展示我校风采的窗口；我们的网站，与学校开展的命题博文活动紧密结合，成为教师们沟通交流、相互学习的平台。

◎ 在课程意识指引下，实现学生人格圆满

教育的最大价值，就是能陪伴学生走更远的路。我们的教育理想，就是要为学生一生的幸福奠基。一直以来，学校各项教育教学工作，均围绕这一目标展开。我们缔造了"立德为学"的育人思想，就是要从根本上激活学生成才的动力，实现学生个性的构建，人格的圆满。在班级管理上，倡导"小班制"班级管理新模式。我们将一个完整的班级根据学生的性别、性格、学习现状、最近成长区等指标，划分为不同的"小班级"。每一个独立的小班级都有属于自己的管理团队，负责小班级的日常工作。从卫生、就餐、自习、纪律、活动等各个方面进行自我管理。每天有行为量化，每周有管理数据的统计与总结。这样的管理，便于发挥每个同学的主观能动性，人人是小班级的成员，人人参与班级管理，既有竞争，更有合作，比学赶帮超，学生的学习、成长积极性明显增强。最重要的是，我们通过这样的管理方式，实现了学生

的自主管理，学生在参与管理的过程中，锻炼了自我思考、自我教育的能力，养成了良好的行为习惯，这对于学生的一生成长是极有益处的。

劳店中学全体教职员工，把激活学生成才动力作为自己教育教学的首要目标，利用课堂教学、全员育人导师制，适时对学生进行人格的引领与情感的塑造。教师们利用学生作业中的留言台，与学生进行心灵的交流，一句句富有激励性、带有温暖情怀的语句，时时让学生感觉到自己沐浴在师爱的阳光里；教师们会在课余时间，邀请到自己导师制负责的同学，进行面对面的沟通，问询学生生活状况，关注他们的心理成长；每逢节假日，教师们都会给所负责的学生以电话、短信的问候，给学生送去真心的关怀。这些教育行为，给学生营造了足够安全的成长环境，也引领学生在享受这些关怀的同时，学会了关爱他人，这是学生人格自我完善的重要途径。我们深知，一所学校，关乎多少个家庭的希望与未来，我们有义务让学生在校养成良好的习惯，塑造健全的人格，培养发展个性与能力。我们更有责任铸造学生的灵魂，为学生一生的成长铺路。

正是我们关注了学生心灵的成长，他们的学习兴趣才能始终保持高扬的姿态，他们的学习习惯才能始终处于不断完善中，他们的精气神才能始终保处于不断进步的状态。学生心灵的成长，人格的圆满，自然带来学业成绩的优质化。连续三年，我们学校的中考学业水平考试，稳居全县第一名，上线率与优秀率双第一！

命题博文，我们在春天相约

成长是磨砺，磨去浅薄，洗尽铅华，方能臻于完美；

成长是蜕变，破茧成蝶，凤凰涅槃，才可翱翔苍穹；

成长是跋涉，不畏风雨，无惧严寒，终会足行千里；

成长是攀登，充满激情，永不言弃，便会登临顶峰。

为师者，不能枕着昨日成绩而无忧，抱残守缺，不思进取，须知学海无尽头，成长无止境，应大开成长之门，遍寻成长之路。吾以为：师之成长，路径不一，但必亲书籍，研课堂，勤写作。

我校启动了教师"命题博文"活动，每周都针对一个主题，让教师们展开讨论、研究、思索，然后结合自己的教学经历、体验，将思索化作笔尖的涓涓细流。这些主题，或者是教育现象，或者是管理侧影，或者是师生发展，都是教师们感兴趣、贴近教师现实的论题。教师们参与热情高涨，在进行了充分的自我反思与研究后，他们积极撰文，及时发布，供其他教师们相互学习交流。这是思维的碰撞，也是情感的沟通，更是经验的分享。我们很高兴，在网校上给教师们开辟出了这一方广阔的、自由的平台，给教师们打造了一个"华山论剑，网校论教"的美丽空间。在这里，我们看到了教师们对学校管理的中肯意见，看到了教师们自我成长的愿望，感受到了教师们的教育教学智慧。教师们在交流、写作中积淀了思想，提升了境界，坚定了信仰。

感谢"命题博文"，让我们相约在春天；

感谢"命题博文"，让我们在春天就开始收获 —— 收获习惯，收获思索，收获心有灵犀⋯⋯

看着教师们的篇篇博文，想到了教师们在工作之余，笔耕不辍的情形，耐心洋溢着感动。教师们在博文的带动下，开始了新的成长。就如同春天的秧苗，在春风的抚慰、春雨的滋润下，吐出了新绿。前辈有言：写一生教案，只能为匠人，写一生反思，则成名师。教师们的博文，载教学点滴，书成长足迹。一词一句，皆反思所得，非亲身经历所不能得也。随笔乃思维再现，是经验累积，运笔成文时笔底荡漾，卒章显志里心胸激扬。随笔不求言辞华丽，唯求真实，忠实记录教学历程，完整反映内心感悟。或一次课堂偶得，回味中自得其乐，或一次师生谈话，交流中教学相长，或一次心灵触动，反思里两肩道义。随笔亦是一次灵魂修炼，以文字为丹药，以思维为火焰，以脑海为熔炉，千锤百炼，锻造细腻情感，练就敏锐观察，铸就从教信仰。夜阑人静，香茗一杯，明灯一盏，展一卷纸，握一支笔，静心而坐，将今日所思，化作笔底波澜，在思索中顿悟，在行文中解惑，拨云见日，喜不自禁。因为随笔，吾可忘却人事纷扰，存留一份宁静之心绪，剥开虚无缥缈之粉墨，寻得教学真境界，更可卸去自缚之丝茧，开掘成长之动力。随笔中有大智慧，文字里见真性情。如是坚持，则教育经历愈发富足，教育情感愈发丰富，教育智慧愈发博大。

时值春天，惠风和畅，眼前簇簇柳绿花红，耳畔阵阵拔节声响。让我们坚信：以命题博文为友，研读不止，以诸位同事为伴，见贤思齐，以教学随笔为业，笔耕不辍。如是，则教师们之成长指日可待。

弘扬正气，凝心聚力，团结奋进

学校的发展和教师事业的发展离不开机制的创新和推动，离不开工作能力的激发和敬业精神的永续，在整个发展过程中，会涌现出一部分工作激情高涨的人，他们积极进取，善于反思，敢于创新，工作幸福。但是竞争机制的出现，也会让一部分同事变得被动，变得消极，容易产生职业倦怠，自身成长缓慢，事业发展不理想。面对这两种情况尤其是第二种，我们应该怎样应对，我个人的主观看法，最佳的解决办法就是"弘扬正气"，用正能量去引领，去弥补，去端正。学期初，我们通过"刹四风树四风"在学生管理方面采取了一些行动，起到了一定的积极作用，那么今天我想围绕着一个"气"字或者说学校的"气场"再号召下大家，与大家共勉：

（1）戒心浮气躁，树心平气和之气。平时的工作中当我们疲惫的时候，应接不暇的时候，手无举措的时候，急功近利的时候，我们很容易心烦意乱、心浮气躁，导致工作不集中，低效耗能，因此我们需要心平气和地静下心来思索，去如何教育我们的学生，如何善待我们的同事。

（2）戒气骄志满，树气满志得之气。无论和县域内乡镇中学相比，还是和1751同片区项目学校竞争，我们都有明显的优势，我们不能气势骄人，更不能高傲自大，我们只要不忘追求，志愿实现，心满意足即可。

（3）戒气冲牛斗，树气谊相投之气。我们的情绪，或许有时候无法控制，说了不该说的话，做了不该做的事，遇事不冷静，犯糊涂，这样很容易产生矛盾和纠纷，我们应该向教育学生那样在能承受的范围内让自己的胸怀宽广一些，同事们之间要学会沟通和谅解，要在志趣和情谊上互相投合，善待他人，就是善待自我。

（4）戒气急败坏，树理直气壮之气。在复杂的人际环境和工作环境需要我们敢于和歪风邪气做斗争，敢于和歪门邪道做对头，要知道正邪始终不两立，既要把对与错的界限划清，更要头脑清醒，不要轻易被人拉下水。

（5）戒气消胆夺，树气象万千之气。在课堂和课程改革的路上，我们不要怯懦，更不要泄气。我们需要更多的敢于更新观念，敢于改变自己，敢于迈出"变向"的第一步的人，在这里我不得不说一下张苍教师，2013年他变化很大，无论是班级管理、数学课堂，还是特色课程，我感觉他时刻在用创新的思想武装着自己的头脑，而且他成功了，班级在进步，个人在成长。创新和勤奋是他成功的基石。

（6）戒气力竭尽，树气壮山河之气。"1751"的道路，我们仅仅刚走过半程，我们开展的各项创新工作及各类课程开发还未收获，我们的课堂及教师们的授课理念相比先进地市也很落后，如果我们现在放弃了，不仅一无所获，更将一事无成。我们要用更广的眼光去规划学校的发展，用更新的思路去扎实推进"尊重规律、改革创新"先进理念引领下开展的各项工作，向着更高的起点启航。

与时俱进，打造优质教育品牌

◎ 以科学的管理理念武装头脑

作为一所普通乡镇中学，学校要在课堂教学、教育管理上有新的突破，必须要有科学的管理理念做先导。学校延续"把常规做好，把细节抓严，把过程抓实"的工作作风，秉承"在责任中高效，在高效中发展，在发展中追求"的办学思想，致力于打造文明校园、书香校园、责任校园和幸福家园；引导教师走学习型、实干型、科研型发展之路，做有责任感，有约束感、有成就感、有荣誉感、有幸福感、有品行、有作为的教师；培养学生乐学、善思、自主、超越，争做快乐成长、健康生活、崇德守纪、明礼诚信的现代中学生。

◎ 加强制度建设，规范教育教学行为

依据《中小学教师职业道德规范》和阳信县教育局《教师八荣八耻》有关文件精神，学校制定了《劳店中学教师职业道德"十不准"》《劳店中学师德修养三十条》等师德管理制度，锤炼师德，加强师德师风建设，要求教师做爱岗敬业，率先垂范，无私奉献，师德高尚的践行者。

时时讲规范，事事讲规范，是我校所追求的管理目标。学校制定了《劳店中学教师教学常规》，明确了教师在教学常规、学生管理和考核评价等方面的规范；建立并完善了适应课程改革的教学管理机制。学校体现以人为本的管理理念，建立目标和主体多元、方式多样的评价体系，取得了实效。

◎ 常规管理精细化，注重过程管理

（1）加强集体备课。集体备课是我校沿袭下来的良好传统，目的是使同学科教师发挥集体优势，达成资源共享。每人分备一个单元，提前拿出教案，然后大家商讨、切磋，添加个性化的内容。由于夯实了备课这一环节，有力地保证了课堂45分钟的质量。备课中探究性作业的设计，鼓励了学生积极探究的意识，纠错记录本的设计让学生有错即改，在不断地改错中加深对知识的理解，最终获得真知。

（2）改革课堂结构，优化课堂教学，体现创新性、民主性、主体性的特征。我校继续将"自主—互助—开放"式教学模式推向深入，并将课堂环节设计为"激趣导入、出示目标—自学指导、学生自学—合作交流、质疑提升—堂清训练、反馈点拨—课堂小结、设置作业"五个基本环节。让教师们有章可循，

并能灵活运用。我们这样的教学设计，倡导自主、互助、合作、探究的学习方式，把课堂还给学生，体现"先学后教、当堂训练"，强调学生的"自学"。在抓课堂教学这一中心环节上，学校突出了一个"抓"字，落实了一个"实"字，注重教学各环节的不断优化，注重对薄弱学科，薄弱班级的监控、指导和改进。在课堂教学评价上，从关注教师的"教"转变为关注学生的"学"，通过学生主动学习的效果来评价教师"教"的效果。

（3）坚持"听、评课"制度，做到听出水平，评出效率。为了探索新的课堂教学模式，提供广大教师的授课艺术，更好的推进课程改革，学校广泛开展观课议课、推门听课、跟踪听评课、外出学习汇报课、骨干教师示范课、研究课，名师讲坛，教学反思撰写等活动。近期学校又组织开展了学校的优质课评选活动，由学校的七个学科组推荐 15 名教师，代表学科组参赛。评价的主要标准就是依据我校的课堂教学模式，体现学生的充分自学。本次优质课评选为明年举行的县优质课评选储备力量，教师们积极参与，课堂上精彩纷呈。

（4）作业布置方面，坚持科学、适量原则，每个学科都有自己的特色作业，鼓励探究性作业，倡导学生探究、实践，提高应用知识的能力。

◎ 落实课程方案，积极开发校本课程

在课程开设方面，我校认真落实国家、地方、学校三级课程的设置与开发，严格执行《义务教育课程设置实施方案》，开齐课程科目并开足课时，尤其对音、体、美、综合实践活动等课程的开设情况，逐一检查落实，并将课程表上报教体局进行审核，确保国家课程全部开设到位。我校按照山东省教育厅关于印发《山东省义务教育地方课程和学校课程设置指导意见（试行）》的通知要求，分别开设了《环境教育》《传统文化》《安全教育》《人生规划》《民族政策常识》等地方课程，并保证课程的实效性。对于校本课程的开发，学校成立了由校长室、教导处、德育处、各科目（学科）负责人等组成的课程指导委员会，编制开发了符合本校特色、科学实用的《村名来历》《民俗民谣》《文明礼仪教育》《理想目标教育》《走近名人》《起航》等校本教

材，让学生学习文化知识，感受传统文化的熏陶，丰富文化底蕴。与此同时，积极开发德育课程和心理健康教育课程，既对学生进行惜时、感恩、国防、环保等教育，又确保了学生心理的健康发展。

◎ 提高教研实效，关注教师成长

我们确立"以师为本"理念，把教师专业成长和持续发展作为办学兴教，创办优质教育品牌的首要任务来抓。

1. 搭建校本教研平台，促进教师专业发展

学校在对常规教研形式注入新内容的同时，搞好开放教研，促进教师的专业成长。

（1）常规型教研。各教研组定期组织教研活动，内容是：①学习交流。教师自己阅读的教育杂志或是学校推荐的教育书籍，是教师们学习交流的重要内容，在学习中记下新的教学理念、学习方法、教学设计和教学案例等；②问题研讨。教师结合备课和上课情况，把理论或实践上的疑惑，以及在课题实验中发现的问题，在教研活动中提出，进行研讨。③合作探究。各教研组进行以集体备课、集体说课和集体评课等活动，发挥集体智慧研究出共同成果。④课题研究。每个学科组都有自己的教研课题，这也是教研活动的重要内容。

（2）开放型教研。开放型教研因为灵活、形式多样而受到教师们的欢迎。①推广"沙龙教研"。教师把备课时、讲课时发现的问题和取得的经验，自发地利用课间与其他教师交流，及时商讨，得到较满意的教与学的方法后，再去课堂实践。这种沙龙式教研，可以不受时间地点人员的限制，形成人人议，天天议，节节议，时时议的研究氛围，不仅便于发现、探讨、验证也便于快速、直接地指导课堂教学。②启动"拜师工程"，师徒结对子。经过三年多的课改实验，我校各学科都涌现出一批教学骨干。同时，我校南林、王宝亮、张如意、李建元教师是阳信县"三名工程"人选。我校充分利用这些可贵的人力资源，鼓励青年教师自动拜师，号召一师多徒和一师一徒结对子，进行不定期的教学研究，在备课、上课、说课、评课等活动中进行随时研讨指导。

2. 搞好听、评课活动，抓好教学反思，促进教师的专业成长

听、评课活动是提升教师教学艺术的有效手段。我校实行随堂听课制度，旨在根据教师教学常态下课堂教学情况进行研讨，以增强针对性和实效性。为防止听课评课走过场，我们在听课教师的定位、听课教师的关注点、教师的教、学生的学、评价学生的关键等方面制定了听课细则。明确怎么听、怎么评，使教师真正参与到教学研究当中，教研的主体从单一走向集体，从少数骨干教师走向全体教师，而活动的效果也从形式走向了实质，我校举行的骨干教师"示范课""创新课"，新教师的"观摩课""汇报课"等活动中涌现出越来越多的有着教师个人独到见解的、有思想的、个性化的活的教学，使我们的"向课堂45分钟要质量"不再只是一句口号。

3. 课题牵动，促进校本教研上新水平

学校发挥自身优势，充分发挥骨干教师、学科带头人、教坛新星的专业引领作用，创造良好的教研氛围，采用结对子、示范课等形式给普通教师以帮助和指导。

"请进来，走出去。"学校积极争取专业人员的支持，主动邀请有关教研员到学校指导开展教研活动，切实给教师提供了有效的指导。每当有各级教学观摩等教研活动时，我们都在允许的范围内尽可能多派教师参加学习，教师外出学习后，要做一次学习体会发言，上一堂"取经汇报课"，充分发挥外出学习的辐射作用，让更多教师有机会互相学习，互相切磋，共同提高教学研究水平。我校积极开展联片教研，先后与阳信县温店中学、银高中学开展了同课异构活动，在活动中交流心得，分享经验，互通有无，共同提高。

◎ 建立科学评价体系，激发教师工作热情，促进学生全面发展

围绕课程标准，学校在对学生评价上以激励性评价为核心，从知识与能力、过程与方法、情感态度与价值观等几方面进行评价。将课程内容上分为过程评价和期末评价两种。注重对学生的过程性评价，注重评价主体、评价内容的多元化和评价的教育激励功能。学校不参加未经市级以上教育行政部门批准的各种考试、联考和其他竞赛考级等活动，单元检测随堂进行，只用

于反馈教学信息。学校和班级不公布学生的考试成绩，不按考试结果给学生给学生排队。教师考核与奖惩中学生考试成绩所占比重大大减少，减轻了教师的精神负担。使教师和学生享受到课程改革带来的成果。"打造高效课堂，让学生快乐学习"，这是劳店中学全体教师的座右铭，我们结合成长记录袋建立并完善对学生的多元评价及发展性评价体系。每逢学期末，优秀学生干部、文明之星、学习标兵、学科状元、爱心天使等诸多荣誉送给每一位在不同领域的明星。这种赏识教育极大限度地调动了学生们的积极性和创造性。

"十年树木，百年树人。"近年来，我校在继承中发展，在实践中改革，在改革中创新，坚持走优质教育的内涵发展之路。较高的办学质量、丰硕的教学成果，受到了各级领导的关注、赢得了社会各界的赞誉。我们决心进一步树立品牌意识，以创特色、争一流的姿态实现学校跨越式发展。

凝心聚力，扬帆远航

在阳信县"三名"工程这个优秀的团队指引和带动下，2017—2018 年度，我继续在学习中进步，在反思中前行，收获满满，幸福满满。因为这一路上，有很多优秀的同行者，他们给了我很大的帮助和引领。这一路上，更有学富五车的专家学者，他们给了我很多的启发和滋养。感谢他们，他们都是我教育历程中的贵人。下面，我从个人专业发展、个人治学方面总结：

◎ 个人专业发展

作为一名校长，首先必须是一个个人业务素养过硬的引领者，这是一名校长的底气。为了不断提升个人的专业发展水平，我在以下几个方面积极努力：

（1）坚信勤能补拙，学无止境。我加强理论学习，认真研读了名家在校长专业成长及学校管理方面的最新思想，并做了大量的读书笔记，阅读中思索，思考中践行，丰富了自己的理论储备，为开展具体的行动研究储备了营养。

（2）把专业研究当作自己成长的新起点。没有研究就没有深度的思考。我在工作中勤于研究，把教育管理、教学改革推进过程中发现的问题，作为课题研究的第一手资料，陆续开展了综合性学习研究、学生综合素养评价研究、教师专业成长研究等课题，研究成果丰富。

（3）把研究的思考升华为自己的理论，我还撰写了涵盖学生成长、课堂教学、学校文化等方面的论文，且陆续发表。

◎ 个人治学方面

我积极向多层面名校校长学习，积极尝试走专家办学之路。我的理解是：作为一名校长，你可以不是专家，但一定要有专家的思维和视野。我在以下方面做了积极的尝试：

（1）提出了育人的新思想。我在个人治校方面，首先做的工作是提出了学校的育人新思想。我校在集中全体师生智慧前提下，把"全面激活农村学校发展的源动力"作为学校的办学理念，并一起探寻出了驱动我校内涵发展的多层面"源动力"。"全面"是指培养全面发展的人，即引领学生习得知识的同时，培养适应未来社会的基本技能，实现素养的全面提升。所谓和谐发展，就是要整合我校各方面发展的源动力，统筹兼顾，实现师生和谐、同事和谐、德智和谐，这也是我校的教育愿景。

当下，教育进入了核心素养时代，我校与时俱进，在全体师生中进行了广泛的讨论与征集，又重新确立了我校的办学目标和育人目标：

办学目标：创建一所环境优美、文化浓郁、德智并重、师德高尚、学风优良、社会满意的农村优质校。

育人目标：培养具有家国情怀、担当意识、健康体魄、勤学品质、创新精神、坚强毅力的新时代中学生。

这两大目标，是基于"全面激活农村学校发展的源动力"这一办学理念提出的，理念是先导，目标是动力，育人是目的。这两大目标是我们学校全体师生的共同追求和价值取向，是我们师生的行为准则和行动指南，并逐渐成为我们奉行、践行的核心价值观，这也与中学生的核心素养内容及人才培养目标紧密相连。

（2）提出了文化传承的理念。一所学校，最应该被传承的就是文化。文化是一种无形的力量。我校在文化传承方面，主要体现在团队管理文化和团队精神文化方面。现在，没有任何一个时代更加注重团队建设，而团队力量的体现最终落实到文化上而不是单纯的制度上。为此，我们开展了卓有成效的系列活动，并最终沉淀为一种文化。

传承团队管理文化。打造精英中层团队。中层例会，重在落实智慧共享；中层带班，身先士卒；管理日志，智慧共享；夯实级部管理团队。学校实施级部管理，大胆放权，给级部更多的管理自主权。各级部创新开展工作，制定了细致的早读气氛督查、课间纪律督查、课前准备督查等制度，并运转有序，确保了级部管理的实效。各级部各班级全面实施小班自主管理制度，锻炼了学生的自我管理能力，整个级部呈现出学习积极、秩序良好的局面。除此之外，学校还从班主任团队、学生干部团队、教科研团队方面，也都提炼出了团队的管理文化，逐步达到了文化管理的境界。

传承团队精神文化。团队的精神文化是一个团队集体智慧的结晶。学校每一个级部都拥有自己的管理文化和管理理念。级部通过开展团队活动，设计了自己的团队 Logo，并有自己的个性解读，形成了自己的团队口号，描绘了团队的美好愿景。级部还开展了"最受学生欢迎的教师"和"学生不喜欢的教师"标准大讨论，结合自己的教育教学行为，自省自励，然后制定出各级部的教师行为标准，最终提炼为自己级部的管理理念。这些精神文化，实质上就是一种对团队的认同感和自我的归属感，这样的传承有利于增强团队的凝聚力和战斗力。

（3）践行了新的发展路径。学校的发展永无止境，这为我们的管理提出了更高的要求。我校在新的教育背景下，在发展中总结，在前进中收获了如下思索：

立德树人是我们不懈的追求。立德树人是我们学校培养人、塑造人的根本目标。立什么德、树什么人是我们教育者必须深入思考的问题。教育多元化时代，我们要不断的补充新的德育内容，不断构建新的人才培养模式，为学生练就适应未来社会能力而奠基。

面对核心素养时代，我们该如何应对？核心素养，不是一句口号，而是一项标准。面对这样的时代，我们如何做，才能让核心素养落地？这值得我们共同探索。我校今后要在学科素养建设、学生素养体验等方面进行深入研究，通过开展主题论坛、核心素养节等活动，促进师生深入理解核心素养的基本内容，找准操作路径，做到有序推进。

信息化教育与智慧教育，必须是我们研究的课题。教育的信息化时代已经完全到来，各种先进的教育技术已经在课堂上崭露头角，这是无法抵挡的趋势。所以，我们必须要把信息化教育和智慧教育作为一项课题进行深入研究，并找寻好与我校新课改的结合点，让师生体验到信息化教育带给课堂的变化，提升教学效率。

学校管理永无止境，没有最好，只有更好。我需要在阳信县"三名"队伍中磨砺自己，不断学习，勤于研究，取长补短，牢记管理初衷，不忘初心，为履行好自己的职责而努力！

从"东庐现象"到"海门经验"

感受了东庐中学教学稿的神奇魅力后，我们怀着对新教育的无限憧憬，来到了海门这个让教育充满生机与温暖的地方。聆听了几位校长、班主任关于课程建设的经验分享，又进入教室，切身感受新教育下的课堂，观摩了几处学校的课程成果展示。短短的两天时间，感觉新教育让整个海门春色满园，我也收获满满。

由东庐中学的讲学稿，我想到了我校基于"137"课堂而编制的助学案，究其性质而言，两者之间有异曲同工之妙。但是，东庐中学操作更规范，要求更细致，落实更到位。尤其是他们在课堂上的使用，真正做到了学生会的不讲，学习重点让学生讲，教师引导学生突破难点，在难点突破中，获取解决问题的方法与经验。也就是说，讲学稿是为教师的教与学生的学服务的，而不是习题的再现。由此，给我的反思是：我们的助学案有没有发挥出这样的实效？我们的助学案在哪些地方应该调整并完善？我的初步理解是：根据教材设计主问题，在主问题驱动下，辐射各环节小问题（小问题也可以由学生自主提出），学生在充分自学后，自己做好内容及知识点的小结。教师抽查部分助学案，了解学情，课上集中讲解学生出现问题较多的地方。如此，课堂必然高效。

关于海门的新教育，我早已神往许久。新教育的确让海门的教育焕发了无限的光彩，我们禁不住为新教育带给师生的幸福完整教育生活而喝彩。尤其吸引我的，就是各学校的学科课程，可谓是丰富多彩，卓有成效。我想，这也正是新教育的魅力。他们的学科课程建设，都无一例外地遵循了学生发展的需要、教师成长的需求，有各自的缘起背景。他们的课程建设之路，基于学生的身心成长，围绕学生，服务学生，相信学生；而作为课程开发的副产品，就是教师素养的提升与专业的成长，更有教学质量的提升。我们看海门各学校的课程展示，也许只是他们的一角，但我们据此完全可以想象到，他们今日的成果展示，来源于他们的日积月累，来源于参与课程建设的每一位教师的扎实工作、智慧思索，更有他们的定力与坚守。没有人能随随便便成功，海门，正是坚守住了为学生幸福人生奠基，为教师幸福工作服务的理念，才有了新教育的蓬勃发展。

由海门，我想到了我们学校。我校也有过特色课程开发的诸多做法，也取得了一系列成绩。但是，今天与海门相比，才发觉有距离。我们的学科课程，更多的还停留在学科的外延上，就其内涵，还未完全开掘出来，距离学生还有一定距离，学生只是被动地去接受，学生主动参与的机会少。这也正是我们的学科课程后劲不足的原因。同时，我们的学科课程研发，还受到诸多因素的羁绊：教师素养、应试思想等。我们学校今后的课程研发走一条什么样的道路？我想，发挥学科教师的特长与优势，找寻到开发的重点与方向，充分考虑到学情，在提供资源的同时，更要提供智慧引领，把课程做精细。

学习已经结束，现在反观我们的学校，与南京、海门学校教育之间的差距还有很多。我们无法改变环境及条件，但我们完全可以改变自己。改变自己的心态，改变自己的教育思想，找寻到自身的发展优势，充分利用我们的特长，找寻到学校内涵发展的道路，这才是王道。

追寻求索，自我突破，做教育路上的"行者"

2019 年 5 月，山东省教育厅第三期齐鲁名校长培养人选公布，我有幸成为其中一员。将近两年的时间里，在省领导的关心和各位导师的培养下，我们初中校长一组一群志同道合的教育人，在友谊的风帆中逐梦同行。从威海的全员首训，到济南的研究课题立项与开题；从疫情期间的线上研讨到复学之后的跟岗学习，清晰的时间线串联着每一个人生节点，它们都将留下美好的印记，融入我的发展进步中。在这段时间里，我不断追寻求索、汲取经验，更不断迁移创新、自我突破，立志做教育路上的"行者"。我向往的行者，是孜孜以求的教育者，它集仁者的博爱、智者的聪慧、勇者的无畏和达者的进取于一身，是我矢志不渝的奋斗目标。且行且思，结合个人的教育实践和发展规划，现进行阶段总结如下。

◎ 仁者为本

我力争做学校管理的仁者，坚守初心，志存高远；待人宽容仁厚，处事不忧不惧。身为乡村教育人，便要根植乡村教育情怀，于是我提出了"守正创新，自我突破"的办学理念和"全面育人，和谐发展"的育人理念。"守正创新"是在继承和发扬优良传统的基础上为乡村教育的发展注入现代的优质教育因子，培养学生适应未来社会的创新意识和技能。"自我突破"就是正视困难，树立革新的勇气，力求做出适合乡村学校发展的规律性的探索，为农村学生最大化地追求教育公平。"全面育人"是立足乡村实际，构建"五育并举"的全方位课程体系，实现学生素养的全面提升。"和谐发展"就是要整合学校各方面发展的源动力，用仁爱思想优化育人环境，构建和衷共济、内和外顺、和谐发展的校园。

◎ 智者无惑

我力争做学校管理的智者，珍惜齐鲁名校长工程平台机遇，敏而好学，潜心钻研，紧跟教育新时代和现代化步伐，为推动学校改革创新和自主发展积蓄力量。加入工程以来，读书、培训、写作成为我工作的常态。

（1）我始终坚持并带动同事们读书学习，自己坚持撰写了累计十余万字的读书笔记，并带领同事们编辑随笔文集；静下心来的时候便撰写教育管理反思，坚持一段时间后发现自己的教育感悟和片段化的思考逐渐体系化，也真正感受到了"学习、实践、反思、提升"整个过程的幸福。在自身不懈的追求和坚持下，我撰写的两篇论文——《重塑校长的专业精神》《做有生命力的教育》相继发表在国家级期刊《中小学教育》和《教学与研究》上。

（2）抢抓机遇积极参加各级各类线上线下培训，特别是很荣幸地参加了教育部中学校长培训中心全国第43期初中骨干校长高级研修班，让我开阔了视野，拓宽了思路，对当今的教育形势和发展方向有了全新的认识，理论体系得以全面建构，管理素养得到飞速提升，使自己能够更加准确把握学校发展脉象、找准突破口，重新树立起了办县域优质教育的信心。

（3）始终把业务引领当作自己的本职工作。坚守教学一线，先后担任马士和小学及史张小学的英语教师，带头实践课改新理念、带头集体备课、带头执行各项教学常规要求，进入工程以来参与听评课活动90余节，组织全乡业务大学习、大讨论活动20余次，开展专题讲座8次，在我看来，业务本领才是校长最大的权威。2020年11月，我主编了《核心素养视阈下多元评价体系的英语生态课堂构建研究》一书。

◎ 勇者无畏

我力争做学校管理的勇者，披荆斩棘，激流勇进，面对乡村教育的贫瘠与乏力，树立改革创新的勇气，推动学校突破发展瓶颈。

（1）准确定位，找准问题。目前遇到的最大问题是全乡的教育事业发展与人民群众的期盼和需求还有不小的差距，具体表现在以下方面：学校内部配套建设任务艰巨；师资队伍因流失严重不足且老龄化严重，缺乏学科领军人物，教学质量有待进一步提升；学生客观性流失也逐年增多，民办幼儿园及校外培训机构的属地管理责任巨大。

（2）面对困难，精准施策。加强党建引领，提升政治素质，形成教育变革合力；积极争取政策，填补师资缺口，解决家长后顾之忧；保持工作动力，力推精细管理，确保职称和人事改革落地生根；探索师资奖励机制，挖掘成长潜力，再树名师培养旗帜；坚持五育并举，提升学生综合素养，培养振兴乡村事业的接班人；强化部门联合，夯实主体责任，减轻属地管理负担。

（3）聚焦品牌，优势发展。乡村振兴需要教师，我们要以积蓄师资力量获取未来优势。我们充分认识到近年来新入职的青年教师对学区教育事业发展的重要作用，牢固树立齐鲁名校长课题研究主阵地，真正地把"偏远乡村学校新入职教师专业发展的策略研究"视为中心工作。一是构建全方位、多元化培训体系，在文化、思想、价值、方向上引领新教师专业成长，传承优良师风，唤醒教育情怀。二是实施新教师读书工程，组建读书团队，聘请县域内专家型教师指导跟进，分享交流，不断提升新教师的人文底蕴。同时开展全员读党史、学党史集中学习活动，把握历史规律，用以指导实践，提高新教师的思想政治素质。三是推进课堂变革，夯实提质根基。在全县推广"学本教学"改革大好形势下，我们争创了课改龙头校，带领全体新入职教师踏入"课改试验田"，聚焦"学本"模式下的高效课堂打造，力争以学生的"自学、互学、展学"作为课改突破口，培养学生的学习力、合作力和展现力，更力争培养一支理念先进、创新力强、善于发现学生闪光点的教师队伍，从而开辟学科育人新路径。天道酬勤，2020 年 8 月，我以此课题申报山东省教育科学"十三五"规划课题并成功立项。

◎ 达者兼济

我力争做学校管理的达者，成就教师，发展学生，与众多教育界有志之士为伍，博采众长，立己达人，共同描绘乡村教育的美好画卷。进入工程以来，我被授予滨州市名校长、滨州市优秀教育工作者、滨州市青年技术学术带头人等荣誉称号，学校涌现出了滨州市优秀教师于岳玲教师、史付亮教师，滨州市师德标兵王兴礼教师。初三一班曹洪琰同学荣获国家级宋庆龄奖学金，中心小学被评为省级乡村温馨校园建设优秀案例学校，培养出了滨州市"新时代好少年"张珂馨。学校的工作事迹被《中国教育报》和《山东教师队伍》公众号多次报道。2020 年 12 月，我有幸参与了鲁渝扶贫协作第六批中小学校长高级研修班线上指导工作，从重庆校长们的身上学到了很多宝贵的管理经验。在成就师生的同时，我不忘为学校搭建学习发展平台，2020 年 10 月 19 日，我们与滨州市实验学校南校区成功共建发展联盟，搭上了市域内依托名校带动发展的快车道。我自己还有一个目标未达成，那就是力争在培养期间到本组内每一位校长同仁的学校充分地学一学，真正地为自己创造"追寻求索"的机会。

"道可道，非常道；名可名，非常名。"作为教育的行者，我深知一定要回归教育的本真，一步步探索着教育的真谛，以梦为马，不断前行。